税法の趣旨・経緯から
グレーゾーン取引を考える

法人税・消費税
迷いやすい
事例の
実務対応

税理士・行政書士・CFP® 認定者

坂野上 満 著
Mitsuru Sakanoue

一般財団法人 **大蔵財務協会**

はじめに

　本書はタイトル通り、法人税と消費税の迷いやすい事例の実務対応をスムーズに行うことができるように、**これらの税の取扱いの根幹となる部分を中心にまとめたもの**です。

　法人税も消費税も対象範囲がとても広く、取引も実に様々で、電子商取引などの目覚ましい発展に伴い、日々、新しい取引形態が誕生している状況です。

　このような現代社会において、企業会計を寸分の狂いもなく行うことは至難の業といえるでしょう。しかし、このように猫の目のように目まぐるしく変わる社会環境下においても、**枝葉の部分ではなく、しっかりと根幹の部分を押さえておくことによって十分に対応は可能**です。

　つまり、**税法の趣旨や経緯**といったところから「**何故、このような取扱いをすることになっているのか？**」「**何故、この規定は存在するのか？**」というところを探り、完全に自分のものにすることができれば、多少の変化球が飛んできたところで、しっかりとクリーンヒットにすることができるのです。この先、変化のサイクルが早い世の中を生きていくにあたって、このスキルが身についているのといないのとでは仕事の成果に雲泥の差が生じるのではないでしょうか？

　本書の意図するところはまさにこの部分をお伝えすることにありますから、通常の実務書とは少し違うところがあります。以下にその注意点を示しておきます。

　①　法人税や消費税全般のことではなく、大多数の会計事務所のお客様である中小企業・同族会社に関連する事項を中心に取り

上げた

② 理解のしやすさを重視したため正確性を多少犠牲にしてしまった面があり、一般性、網羅性に劣る表現がところどころ使われている

③ できるだけ普段の仕事をイメージできるよう、実務チックな表現を心がけたため、一部、法令用語とは異なるものがある

④ いわゆる「教科書的なものの取り上げ方や解説の仕方」は遠慮させて頂いた

　第1章から第3章にかけては法人税について、第4章と第5章は消費税について、最後の第6章と第7章では迷いやすいグレーゾーン取引を私はどのように処理したかとその考え方についてそれぞれ取り上げます。

　本書は税法の趣旨や経緯といった知識的なこともたくさん紹介してありますが、それと並んで、是非、答えにたどり着くまでの考え方を手にして下さい。皆さんに一つでも多くの気づきを得て頂ければこれに優る喜びはありません。

　なお、考え方に関する部分は私見であることを申し添えます。

2020年　初秋

坂野上　満

目　次

第 1 章

そもそも、法人って何？決算って何？利益って何？？

本書は法人税及び消費税の取扱いをこのように考え、このように処理するということをテーマにしていますから、本題に入る前にいくつかの事項について確認をしておきたいと思います。

　まずは、法人税関係のことから。法人って何でしょうか？何故法人税という税目があって、決算から申告納税までの流れはどのようにすべきとされたのでしょうか？という禅問答のようなところから見ていきます。

1 法人って何？決算って何？利益って何？？

① 情報は枝葉ではなく、根幹を押さえる

私は税に関することに限らず、何か調べたり考えたりするときには、まず、「そもそも」というところを押さえることから始めることが多いです。例えば、法人税というのは法人に課されるということが分かっていますから、法人とは何なのか、何故必要だったのか、何のためにあるのか、そして、どのように取扱われているのかということを探るのです。これをやることによって調べる対象が超具体的に何なのか、どのような歴史を持っていて、今どのような存在として取り扱われているのかということをブレさせずに済むのです。

この辺りをはっきり明確にさせてから事に臨むのとそうでないのとでは処理の正確性や効率に大きな差が出てきます。枝葉のことだけを調べるのではなく、**根幹から押さえておけば多少の変化球が飛んできてもしっかりと対応することができる**ということです。

② インプットだけではなくアウトプットすることによって自分のものになる

何でも調べ始めたときにはいろんな情報を集めて頭の中で整理しますから、最初は結構ごちゃごちゃです。それでも、そのような根本の部分の情報を集めようと意識しながら日頃いろんな情報に接しているうちに、やがて「当たらずとも遠からず」というところに辿り着くことになります。このプロセスは（少しおおげさですが）**仮説と検証の繰り返しによって磨き込まれ**ていきます。

私の場合、幸いにもいろんなところで自身のこういった考えをアウトプットする機会があるため、自己納得で終わらせるのではなく、「これをどう伝えるか」というところまで考えるクセがつきました。事務所のお客様やスタッフに取扱いを説明するとき、相手に納得してもらうことができるという意味ではこのアウトプットのクセはとても役立っていると感じます。

③　法人って何？決算って何？

　私は国立大学法人金沢大学の法科大学院で租税法を8年ほど担当しています。法科大学院というと、弁護士、裁判官、検察官となるのに必要な学識や能力を養うために通う専門職大学院ですから、いわばこれらの職業に就く人の卵ともいうべき若い人達に所得税と法人税を中心に教えている訳です。彼らは法律の読み方や事例については一生懸命勉強していますが、会計を勉強したことのある人はごくまれなので、法人税を教えるときにはまず、決算を教えなければならないのですが、これが意外と苦労するところです。

　そこで、法人とは何なのか、決算とは何のためにやるのかを説明し、これを受けて法人税とのかかわりを説いています。その際、会計を学んだことのない人たちに法人、そして会計というものを次のように説明しています。

【法人の成り立ちと会計】

(イ)　東インド会社の設立

　私は中学校の歴史の授業で世界初の株式会社はオランダの東インド会社だと習いました。この会社の設立は1602年です。徳川家康が征夷大将軍となり江戸幕府を開いたのが1603年ですから、その頃の話で

す。

この頃、オランダをはじめとするヨーロッパでは
インドの胡椒に大きな需要があったようです。当時
は冷蔵庫がありませんから、肉を塩漬けにして保存
していました。塩漬けにするだけなのでそのうち、
臭みが出てきます。しかし、胡椒をかけて保存して
おけばこの臭みが消え、味もスパイシーになるとい
うことで熱狂的な人気商品となったのです。

(ロ) 胡椒を運ぶのにどんな船を造るか？

さて、この胡椒ですが、ヨーロッパから遠くイン
ドまで仕入れに出なければなりません。航路はヨー
ロッパから南下し、赤道を越えて喜望峰を回り、イ
ンド洋に出てようやくインドにたどり着く訳です。
このためには当然、船がいるのですが、当初は国の
王様のような大金持ちが船を仕立てて貿易を行って
いたのかもしれません。しかし、インドへの航海と
なるとこのようにはるか遠くまで荷物を運ばなけれ
ばなりませんし、その間に嵐に遭って沈没してし
まったら元も子もありません。

そこで、大きな船を造るということが考えられた
のでしょう。大きな船だと小さな船よりは沈みにく
いでしょうし、一度にたくさんの荷物を運べますか
ら、往復する回数もうんと少なくて済みます。しか
し、大きな船を造るのには問題がありました。それ
は、大金持ち一人の財産では到底造ることができな
いということです。

(ハ) 船を造るための資金をどうするか？

この問題に対処すべく、有志を募りお金を出し

合ってみんなで船を造ることにしました。その船を
使ってインドから胡椒を買ってきてヨーロッパで売
ります。そこで得られた利益をお金を出した人全員
で拠出額に応じて配分するということが行われたの
でしょう。

　しかし、この方法もさらに別の問題があります。
このように組合的な仕組みで船を造るのはいいので
すが、仮に２艘目の船を造ろう、となったときに構
成員のうち一人でも反対があると造るのが難しくな
るということです。

㈡　出資と運営の分離

　そこで考えられたのが法人という架空の人物です。
この架空の人物は出資者が会議で運営者（現代の取
締役）を選出し、拠出したお金の運営を任せます。
そして、運営者は定期的（ひと航海ごと？）に出資
者が拠出したお金がどれだけ増えたか（減ったか）
を報告し、増えた分は出資者に配当するということ
が行われたのではないでしょうか。

㈽　出資側と運営側をつなぐ「定期報告」

　こう考えると、出資者はなぜ法人に出資するのか
ということが分かります。出資に対する配当を得る
ことによって自身の財産を増やすためです。現代で
は値上がり期待ということもあるのでしょうが、法
人制度がスタートした当初の出資というものはやは
り配当目当てであったと考えざるを得ません。

　先述の「運営者による定期的な報告」というのは
決算にほかなりません。これにより出資者は配当を
得、運営者には財産を増やした報酬（現代の役員報

酬）が与えられたのです。

　まとめると、**会社というのは多数の人の財産を集めて事業目的に投じ、運営するための架空の存在（人物）なので、その存在はその集められたお金が今どうなっているのかということを利害関係者に報告することによってのみ実感されるものであるから、**定期的な運営サイクル（季節変動の影響を避け、他の年度や他社との比較を容易にするため、通常は１年）の終了ごとに**その運営結果をまとめて報告（決算）**することになった、ということになるでしょうか。

　上記の物語は史実とは違うかもしれませんが、こう考えるとそもそも法人って何なのか、どういう目的で決算が行われるのかがよく分かると思います。こういった理解は非常に大事です。

　現代日本では同族会社が全体の９割超にのぼり、「出資者＝取締役」であるため損金となる役員報酬を取り、損金とはならない配当を行わない法人が多数にのぼることから、法人税など個々の取扱いを見ると「？」となるところが多々ありますが、こうやって法人の「そもそも」を考えてみると納得できるところもありますね。

④　利益って何？？

　ご案内の通り、法人税は法人のもうけの一部を国に納めさせる税金です。後から述べますが、法人税の課税標準である所得金額は会計において計算した当期純利益から誘導的に求めることになっています。ここでは、この利益という概念を皆さんと共有しておきたいと思います。

利益というと、「売上—原価—販管費±営業外項目±特別損益—法人税等」という式を思い浮かべますが、実態として今ひとつピンときません。確かに計算式としては合っているのですが、利益そのものの説明にはなっていないのです。

　結論から先に述べますと、

> 利益とは「期間の初めと末の純資産（≒企業価値）の増加額」

というのが正解です。これはしっかりと覚えておいて下さい。なお、配当や増資、減資のことはここでは考えないこととします。

　会社が持っているものを資産（積極財産）といい、他人に対して返済などの支払い義務があるもの（消極財産）を負債といいますね。そしてその差額が純資産です。こう考えると、この**純資産**がその時点における**企業価値**だということが分かります。この部分が期間の始めと終わりを比べて増えていればその増加額を「利益」、減っていればその減少額を「損失」と呼んでいるのです。

　また、純資産は資産と負債の差額であるということから、利益の金額を正しく計算するためには当然に資産と負債の残高が正しいものになっていなければならないということになります。

利益の概念図

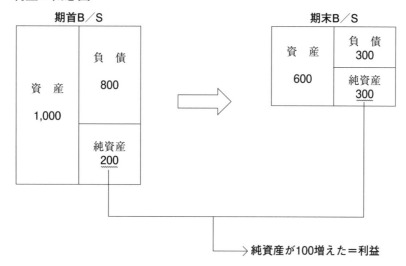

期首B／S

| 資　産
1,000 | 負　債
800 |
| | 純資産
200 |

期末B／S

| 資　産
600 | 負　債
300 |
| | 純資産
300 |

→ 純資産が100増えた＝利益

　この図を参考に事例で説明します。資産は全部現預金、負債は全部借入金と考えて下さい。期首の段階でこの会社を全部買って欲しいといわれました。いくらで買いますか？通帳に1,000あるからといって1,000で買う人はいませんね。やはり、その時点の負債額800を差し引いた200で買うというのが正解でしょう。なぜ200で買うのかというと、この時点の企業価値が200だからと言い換えることができるでしょう。

　しかし、この時点では買いませんでした。そして１年が経過し、期末の状態になったとき、もう一度この会社を全部買って欲しいと言われました。いくらで買いますか？当然、期首のときと同様、純資産額の300で買うことになるでしょう。なぜ？その時点の企業価値が300だから。

　ここで、期首と期末で企業価値がどれだけ上がったかに注目してみましょう。200から300に100だけ増えていますね。この**企業価値の増加額が利益の正体**なのです。

ここでは、利益とは期間始めと終わりの純資産の差額であり、**貸借対照表の各残高が全て正しいものでないと正しく計算されないということ**と**損益計算書とはその企業価値の増減の原因を記載したものである**ということをしっかり覚えておいて下さい。

⑤　何のために会社の利益を計算するのか？

　ここまでで会社の存在意義と利益の正体について確認することができました。それでは、我々は何のために会社の利益を計算するのでしょうか？

　よく簿記や会計関係の書籍などには、「企業会計の目的は適正な期間損益計算にある」とか、「企業の状況に関する利害関係者の判断を誤らせないようにする」などと書かれていますが、これよりもう一歩踏み入って、会社の会計の目的の根幹について考えてみましょう。

　会社という組織はもともと、出資者から広く資金を集め、その資金を元手に事業を行い、利益が出たら出資者に配当を行うという仕組みによって作られたものでした。つまり、出資者から拠出された資金を「種」とし、そこから生じた「果実」を出資者で分けるということです。ここで注意したいのは、出資者に分けることができるのは「果実」の部分だけだということです。

　この「果実」は創業以来コツコツと積み上げてきた利益で構成されていますね。

　何のために会社の利益を計算するのかお分かり頂けたでしょうか？そうです、**出資者への配当可能限度額がいくらになるかを明らかにするために会社の利益を計算している**のです。我々の法人のお客様は同族会社が大多数を占めるため、配当という取引はあまり出てこないかもしれませんが、会社というものの

本質を考えると、配当をするしないにかかわらず、配当可能限度額の計算は必須とされていることが分かるでしょう。

　このことから、会社の会計において、**収益とは益金となるかどうかを問わず、配当源資となる「果実」を増加させる原因**であり、**費用・損失とは損金となるかどうかを問わず「果実」を減少させる原因**であるといえるのです。

　例えば、中間法人税の還付額は益金不算入ですが、社外から流入してきたお金ですから、これは配当源資を増やしていることになります。だから、会計では立派な収益として計上されます。

　また、延滞税については損金不算入ですが、社外にお金が流出している以上、配当源資がその分減ります。だから、会計では費用として計上するのです。

　まとめると、会社の会計において収益とは社外から得られた経済的価値の流入であり、費用・損失とは社外に流出し、又は滅失してしまった経済的価値ということになります。

❷ 確定決算主義

① 法人税の課税所得を計算するための2つの考え方

　㋑　オール税法会計型

　　　法人税の課税所得の計算方式には大きく分けて2つあり、一つは益金となるものと損金になるものだけを記載した決算書を株主総会提出用の決算書とは別に作成し、ここで計算された利益（＝課税所得）を課税標準として法人税を申告する方法です。

　　　この方法によれば、例えば貸倒引当金を株主総会提出用（＝利害関係者提出用）の決算書には繰り入れなかったが、税務申告用では繰り入れて税額を計算した、というようなことができます。一方、同じ会計年度について2通りの決算書を作成しなければならないという大きな欠陥があります。

　　　考えてみれば、我が国の所得税における不動産所得や事業所得などの青色申告決算書はこの方式を採っており、貸倒引当金の繰入も青色申告の特典として継続性に関係なく繰入れ・見合わせの選択ができるようになっています。

　㋺　企業会計斟酌型

　　　もう一つは、法人は上記で述べたように事業年度ごとに決算をしなければならないため、そこで計算された当期純利益から税法の益金・損金との差異を調整して課税所得とする方法です。

　　　この方法によれば、いずれ作成しなければならない決算書の数字を利用してそれに税務調整を加えるだけで課税標準を計算することができます。しかし、この方法はあくま

で損金に算入することができるのは確定決算において損金経理したものだけ、とする前提に立ちますから、逆に税法が企業会計を拘束してしまう面があるという欠陥があります（例えば、特別償却はあるべき会計の計算方法とは異なる金額で固定資産の簿価減額を要請しているなど）。

② 我が国の法人税法において確定決算主義が採られている訳

ご案内の通り、後者の方法が確定決算主義であり、我が国の法人税法はこちらの考え方を採っています。その理由は次の3つと言われています。

---

1. 所得金額は株主の承認を得た利益金額を基礎として計算されることから、税額についても間接的に株主の承認を得たものと解することができるため
2. 会社法上の計算書類は一般に公正妥当とされる会計慣行に基づいて作成されたものということになっているので、そこから誘導的に計算される課税所得についても適正なものであることが期待されるため（課税の安定性）
3. 所得金額は一旦計算された利益の金額に税務調整を加えるだけなので納税者側、課税者側ともに事務の簡便化を図ることができるため（課税の便宜性）

このうち、税務申告を代理する者の立場として気を付けたいのは2．の「課税の安定性」です。これによって特に減価償却費や引当金といった見込み経費の損金算入には確定決算において損金経理することが法人税法によって求められている訳ですが、これら以外の一般経費についても、確定決算において損金

経理せずに別表四で減算しようとしても法人税法第22条第4項、同法第74条第1項の規定によりその損金性には「？」マークが付くものと思われます。

参考 法人税法第22条第2項〜第4項と同法第74条第1項

第二十二条

2 　内国法人の各事業年度の所得の金額の計算上当該事業年度の益金の額に算入すべき金額は、別段の定めがあるものを除き、資産の販売、有償又は無償による資産の譲渡又は役務の提供、無償による資産の譲受けその他の取引で資本等取引以外のものに係る当該事業年度の収益の額とする。

3 　内国法人の各事業年度の所得の金額の計算上当該事業年度の損金の額に算入すべき金額は、別段の定めがあるものを除き、次に掲げる額とする。

一　当該事業年度の収益に係る売上原価、完成工事原価その他これらに準ずる原価の額

二　前号に掲げるもののほか、当該事業年度の販売費、一般管理費その他の費用（償却費以外の費用で当該事業年度終了の日までに債務の確定しないものを除く。）の額

三　当該事業年度の損失の額で資本等取引以外の取引に係るもの

4 　第二項に規定する当該事業年度の収益の額及び前項各号に掲げる額は、別段の定めがあるものを除き、<u>一般に公正妥当と認められる会計処理の基準に従って計算される</u>ものとする。

（以下略）

第七十四条 　内国法人は、各事業年度終了の日の翌日から二月以内に、税務署長に対し、**確定した決算に基づき**次に掲げる事項を記載した申告書を提出しなければならない。

（以下略）

③　法人税と企業会計との関係

　また、法人税法が確定決算主義を採っているということは、その所得計算の大元は企業会計にあるということになるため、原則的に、**会計基準に大きな変更が加えられると法人税法もそれに合わせて同様の改正が施される**ことになります。去る2018年3月30日に企業会計基準委員会から「収益認識に関する会計基準」が公表されたのを受け、2018年度税制改正において法人税法第22条の2が設けられて2018年4月1日以後終了事業年度（つまり、2018年4月決算法人）からすぐに適用されたのは記憶に新しいところです。

3 法人税の計算パターン

① 計算パターンを押さえておくことのメリット

　私はお客様に初めて経営（会計）や税額計算、節税などの説明・提案をする時に必ず行うことがあります。それは、各税目の**計算パターン**です。特に消費税や所得税、相続税ではここから説明に入ることが多いです。

　この計算パターンを押さえておくことのメリットは何でしょうか？私は次の3つだと考えています。

　　(イ) 税額計算の最初の部分から最後の部分まで**俯瞰して全体を眺める**ことができること

　　(ロ) 全体のうち、**どの部分の説明なのか**ということを共通認識とすることができること

　　(ハ) どの数字がどのように変わると**税額にどのような影響があるのか**が一目で分かること

　特に法人税は一つの別表で全体が分かるようにはできていないことと、会計の結果から誘導的に課税所得を求めることになっていることから、どの部分について話しているのかが分かるようになっていないと話がかみ合わないことが多いのです。

　それでは早速、法人税の計算パターンを確認してみましょう。

② 法人税の計算パターン

　法人税の計算は前半を会計部分とすれば、後半は申告書の部分です。さらに後半は所得計算の部分（別表四）と税額計算の部分（別表一）に分かれます。

【会計の部分】

1．売上高

2．売上原価

3．（差引）**売上総利益**…いわゆる「粗利」で、業態が変わらなければ売上高に対する比率はあまり変わらない

4．販売費及び一般管理費

5．（差引）**営業利益**…金融収支などの影響を排除した純粋な営業上の利益

6．営業外収益

7．営業外費用

8．（加減算）**経常利益**…一年間、通常営業を行った結果得られた利益

9．特別利益

10．特別損失

11．（加減算）税引前当期純利益…たまたまその会計期間に生じた非経常的な損益をも含めた当期の利益

12．法人税等

13．（差引）**当期純利益**…法人税等の負担額を控除し、翌期に繰り越す利益

【申告の部分】

（所得金額の計算）

1．当期純利益…会計上の最終利益で、上記の13．の金額

2．加算項目（留保・流出）

3．減算項目（留保・※）

4．（加減算）仮計

5．寄附金や所得税などの加算項目

　　6．繰越欠損金の当期控除額

　　7．（加減算）**所得金額**

（法人税額の計算）

　　8．**課税標準額**（所得金額を千円未満切り捨て）

　　9．**法人税額**…所得金額×税率

　10．租税特別措置法による特別控除額

　11．（差引）差引法人税額

　12．土地重課や留保金の特別税額

　13．（加算）**法人税額計**…地方法人税や法人住民税法
　　　人税割の課税標準

　14．所得税などの控除税額

　15．（差引）**差引所得に対する法人税額**…年税額（翌
　　　期の中間申告の要否の判定の基礎）

　16．中間納付額

　17．（差引）納付税額・還付税額

　こうしてみると、会計の内容が法人税額に与える影響はとて
も大きいということが分かります。**会計の当期純利益**は貸借対
照表の純資産の期首と期末の増加分から導き出されますから、
**資産の各勘定の残高と負債の各勘定の残高を適正なものにして
おかないと正しいものにはなりません。**

　また、これは我々が取扱うほとんどの国税に共通する性質な
のですが、税額の計算において、一旦、**税率をかけた税額を求
めたら、そこからマイナスする項目が多い**ということです。法
人税の納付税額の計算も、税率をかけたものに加算するのは土
地重課（現在、停止中）と特定同族会社の留保金の特別税額

（資本金１億円以下の同族会社は適用除外）そして使途秘匿金課税だけで、あとは減算、減算で求めます。

　所得税においても税率適用後に加算するのは復興特別所得税だけですし、消費税においても控除過大調整税額というほとんど取り扱うことのないもの（貸倒れ処理したものが入金した場合や、大幅な値引きを受けた場合に出てくる）だけです。もっといえば、相続税においても１親等の直系血族・配偶者以外の相続人や受遺者等に係る２割加算だけです。

　控除項目を適用する場合、税務調査において一つでも要件に該当しないところを指摘されたら追徴税額が出てくることになりますから、気を付けたいところです。

❹ 法人擬制説

　法人はこのように人間の経済的な都合によって誕生した「架空の人物」ですから、その本質をどのように捉えるのかということを決めておく必要があります。このことについては諸説ありますが、ここでは法人実在説と法人擬制説を取り上げます。

① 法人実在説

　法人実在説はその名の通り、法人は実際に存在するものとして取り扱うという説です。これによると、法人は完全に独立した存在と考えますから、法人は株主の集合体などといったような概念はなくなります。これに伴い、法人税と所得税の結びつきもなくなりますから、それぞれ関連性のない独立した税目として取り扱われます。

② 法人擬制説

　これに対し、法人擬制説は法人の実体性を認めず、単に法律上の目的のために設定されているにすぎないとする説です。この説によると法人は個人の集まりと考えるため、法人税が課された後の留保利益から生ずる配当所得については二重課税の性質が認められるという趣旨で所得税には配当控除が規定されていますし、「法人税は所得税の前払い」と考えられているため法人税率についても源泉所得税同様、定率となっています（もっとも、中小企業については、財務基盤への配慮から軽減税率が措置されています）。

　このことからも分かるように、**我が国の税法体系は法人擬制説を採用している**といえます。

5 個人事業者との間の課税の公平

　課税の公平は税法の立法、施行ともに最も大きなテーマと言っても差し支えないでしょう。租税は法人を含めた国民個々人の財産権と公共の福祉がバッティングするところなので、納税者の信頼を得ないとうまく機能しないからです。この課税の公平、特に法人税においては個人事業者や同族会社オーナー以外の個人との課税の公平がしばしば問題になります。法人税や消費税の処理を行うに当たって、この部分をしっかりと押さえておくことができれば、スムーズに処理がなされるのみならず、税務署からのお尋ねや税務調査の際にも歯切れよいレスポンスを返すことができ、相手を納得に導くことが可能となるのではないでしょうか？

　しかしながら、課税の公平の具体的な概念となると10人いれば10通りの答えが出てくるので、税法が予定する範囲にうまく着地させるためには相当の経験なり想像力が必要となります。

6 税法理解のためのヒント

① 立法趣旨

　本書では、いくつか具体的事例を交えながら法人税や消費税の処理について、その考え方やストーリーの展開とともに紹介することにします。その理解に大きな武器として役に立つのが**立法趣旨**です。そもそも、この税目は何のために設けられたのか、この制度はどのような趣旨で設けられ、どのような経緯で改正がなされてきたのか、などといったことについては、これらを知っているのと知っていないのとでは結論に至るまでの時間と労力、精度に雲泥の差が生じることでしょう。これらのことについては、毎年の税制改正の解説記事を熟読するとよく分かります。

② 常にアンテナを張っておく

　常に「**なぜ、この制度はあるのだろう？**」とか、「**なぜ、この制度はこのように規定されているんだろう？**」などと考える**癖**をつけておけば、すぐに答えは分からなくても、いつもアンテナを張っているような状態になりますから、いつかその答えがセミナーや税務調査の立ち合いなどでこちら側に寄ってきたときに、鋭く反応し、捕まえることができるでしょう。

　また、これを繰り返すことによって経緯や背景などの情報が積み重なっていきますから、後々、税の歴史として点ではなく線として理解することができるようになるはずです。

③ 立法側の立場で考えてみる

　どうしても立法趣旨が理解できない場合の処方箋を一つ紹介

します。それは、「**立法側の立場で考えてみる**」ということです。

　普段、我々会計事務所の人間は税法を遵守しつつ、納税者側の立場で考える癖がついています。納税者側の立場で考えてみてどうしても分からなければ、反対側、つまり、立法した為政者側の立場で考えてみるとスッと腹に落ちることも珍しくありません。ドアの内側にいたら見えにくかったものもドアの外側から見ればはっきりと見えるということです。このような考え方やモノの見方も時折、触れていこうと思っています。

7 本章のまとめ

ここまでの内容をまとめると次のように要約されます。

① 法人は複数の人（自然人・法人）からお金を集めて運用し、増えた分を配当するというシステムを実現するためのもの

② 架空の人物である法人の存在意義はこのシステムの稼働にあり、その稼働状態を定期的に出資者に報告し、承認を受けるのが決算で、「果実」たる配当可能限度額を求めることに会社の会計の目的がある

③ 我が国の法人税はこの出資者への報告・承認された決算で求められた当期純利益に税務調整を加えたものを課税標準とする確定決算主義を採っている

④ 法人は独立した人格を有してはいるが、実体はなく、株主という個人の集まりに過ぎないという法人擬制説を採用している

⑤ 我が国において課税の公平はどのように考えられているかを考えるのがグレーゾーン取引の正しい処理への近道

⑥ 立法趣旨を理解しておくことと税制改正時の経緯・背景を押さえておくことは大きな武器となる

⑦ 分からなくなったら、たまには為政者側の立場で考えるとよく分かることがある

第2章

法人税の処理を行う際に使う5つの武器

法人税は取扱いの幅が広く、金額も所得税に比べると大きくなることが多い税目です。また、昨今の経済環境の目まぐるしい変化により、次々と新しい取引形態や決済形態がお目見えしている現状もあります。

　そのような事情下において、私が法人税の処理を行う際に使う武器を５つ挙げろと言われたら何を挙げるか？そのように考えながら選りすぐった５つのポイントを紹介します。

1 1つ目の武器〜法人税法第22条

　法人税の処理を行う際、教科書に出てこない、どう処理すればいいか悩む「グレーゾーンの取引」に出くわすことがあります。このグレーゾーンの取引という変化球が投げられてきたときにそれを打ち返すためのコツは、**法人税法における益金と損金がどのように規定されているか**という、ごく、基礎的なところを理解し、それを深く掘り下げて応用することに尽きるでしょう。

　なぜなら、我々が普段扱っている各事業年度の所得に対する法人税の課税標準はその事業年度の益金の額からその事業年度の損金の額を控除した金額とされているからです。ここでは、具体例に入る前に改めて益金と損金がどのように規定されているかを確認してみることにします。**これらをどの程度身に着けるかということは税務調査における主張の説得力にかかわってくることでしょう。**

　法人税や所得税は期間を設けてその期間内に発生したもうけ（＝所得）の一部を納める租税ですが、しばしば問題となるのは「いつの益金」「いつの損金」ということではないでしょうか。会計において「いつの」という時間的帰属を確定させることを**「認識」**といいますが、法人税法においても企業会計同様、認識が問題となることは多々あります。そこで、法人税法における益金・損金の認識について確認しておくことにします。

　法人税法における益金・損金の認識については企業会計でいう発生主義会計と基本的に同様の考え方を採っています。つまり、最初に収益（益金）の帰属を決め、それとの対応の仕方に応じて原価・費用・損失（損金）の帰属を決めているということです。

① 法人税法第22条の規定を読む

　第二十二条　内国法人の各事業年度の所得の金額は、当該事業年度の益金の額から当該事業年度の損金の額を控除した金額とする。

　2　内国法人の各事業年度の所得の金額の計算上当該事業年度の益金の額に算入すべき金額は、別段の定めがあるものを除き、資産の販売、有償又は無償による資産の譲渡又は役務の提供、無償による資産の譲受けその他の取引で資本等取引以外のものに係る当該事業年度の収益の額とする。

　3　内国法人の各事業年度の所得の金額の計算上当該事業年度の損金の額に算入すべき金額は、別段の定めがあるものを除き、次に掲げる額とする。

　　一　当該事業年度の収益に係る売上原価、完成工事原価その他これらに準ずる原価の額

　　二　前号に掲げるもののほか、当該事業年度の販売費、一般管理費その他の費用（償却費以外の費用で当該事業年度終了の日までに債務の確定しないものを除く。）の額

　　三　当該事業年度の損失の額で資本等取引以外の取引に係るもの

　4　第二項に規定する当該事業年度の収益の額及び前項各号に掲げる額は、一般に公正妥当と認められる会計処理の基準に従って計算されるものとする。

　5　第二項又は第三項に規定する資本等取引とは、法人の資本金等の額の増加又は減少を生ずる取引並びに法人が行う利益又は剰余金の分配（資産の流動化に関する法律第百十五条第一項（中間配当）に規定する金銭の分配を含む。）及び残余財産の分配又は引渡しをいう。

② 益金をどのように規定しているのか？

　益金にしても損金にしても、「**認識（いつ）**」と「**測定（いく**
ら）」という2つの要素が確定して初めて計上されることにな
ります。上記①の規定をはじめ、法人税法の諸規定から、益金
とは次の要素確定により計上すべきものとされています。

　㈠　認識

　　企業会計の収益は実現主義により認識することとされて
　いる一方で、法人税法においては**権利確定主義**により認識
　することとされています。つまり、資産の引渡しによるも
　のについては引渡しの時、役務の提供によるものについて
　は完了の時に益金を計上することとされているのです。こ
　れは何故でしょうか？

　　一言でいうと、**認識する時期の恣意的な操作を排除する**
　ためです。現金主義による認識は誰が計算しても同じ金額
　になるということで、測定の客観性には優れますが、恣意
　的に会計年度をまたいで集金したり前渡しを受けたりする
　ことによって利益操作を簡単に行うことができるという致
　命的な欠陥を抱えています。そこで、現金の収受ではなく、
　行為の実態を捉えて**請求権などの権利が確定した時点で益**
　金を認識することとした訳です。

　　例えば、商品を引渡した場合には現金の収受のある、な
　しにかかわらず債権が発生しているので、この時点で益金
　を認識するということです（引渡基準；継続適用を要件に
　出荷基準と検収基準の任意適用）。また、役務の提供につ
　いては仕事が完了した時点で債権が発生するので、この時
　点で益金を認識することになります（完了基準）。

　　逆に、前受金を受ける場合にはその入金時点ではまだ権
　利は確定しておらず、途中でキャンセルされた場合などに

は相手方に返す必要のあるものということになります。よって、現金を収受した時点ではまだ益金として認識せず、返す必要のあるもの（つまり、負債）として処理することとなるため、課税所得には含めないのです。

参考 **無償取引における益金計上について**

　法人税法第22条第2項において「有償又は無償による資産の譲渡又は役務の提供、無償による資産の譲受け」は益金として規定されています。有償のものは分かるにしても、無償のものについて益金としているのは何故でしょうか？この引用部分では無償取引が3つ出てきますから、順に確認してみましょう。

1．無償による資産の譲渡
　≪例題1≫　簿価100万円（時価150万円）のトラックを友人が経営するB社に贈与することを考えてみましょう。
　この取引を仕訳すると
　（借方）寄附金　100万円

　　　　　　　　　　（貸方）車両運搬具　100万円
となります。

　≪例題2≫　次の2つの取引を同時に行った場合を考えてみましょう。
　(イ)　簿価100万円のトラックを友人が経営するB社に時価である150万円で売却し、現金150万円をその場で受け取った
　(ロ)　B社の経営状態が思わしくないことを知って

いたので、その受け取った150万円をそのまま
B社に贈与した

(イ)の取引の仕訳

（借方）現金　　　150万円

　　　　　　　　　（貸方）車両運搬具　100万円

　　　　　　　　　　　　　固定資産売却益　50万円

(ロ)の取引の仕訳

（借方）寄附金　150万円　（貸方）現金　150万円

となります。

　≪例題1≫と≪例題2≫の取引内容は実質的にど
こが違うのでしょうか？実質的には全く同じですね。

　しかし、≪例題1≫では寄附金は100万円（全額
損金不算入とします）、≪例題2≫では150万円と計
算されました。これは時価を取引に反映させたかど
うかによって生じた差異ですが、実質的に全く同じ
取引なのに前者の所得はゼロ、後者の所得は50万円
となります。このような有利不利があると課税の公
平を保つことができません。

　そこで、法人税法では無償による資産の譲渡につ
いては、**一旦、有償で時価により譲渡したものとし、
その対価を相手方に寄附したと考える**のです。です
から、無償譲渡により得られるべき対価、すなわち
≪例題2≫の(イ)で収受すべき150万円は益金の額に
算入することになります。

　≪この無償取引の税法上の仕訳≫

（借方）寄附金（損金不算入）　　　150万円

　　　　固定資産売却原価（損金）　100万円

（貸方）<u>固定資産譲渡額（益金）　150万円</u>
　　　　車両運搬具　　　　　　　　100万円

　税法上の仕訳によると、150万円の益金と100万円の損金の差額50万円の所得が発生することになります。

　法人税法第22条第2項の「無償による資産の譲渡」は上記仕訳の太字波下線部のことを規定しているのです。

2．無償による役務の提供

　無償による役務の提供が益金というと、何が何だか分からなくなる向きもあることでしょう。しかし、これは我々実務家にとってとても馴染みの深い規定なのです。また例題で確認することにしましょう。

≪例題3≫　法人が金銭1,000万円を代表取締役個人に無利子（通常、年12万円くらいの利子が発生する）で貸付け、その旨を記した金銭消費貸借契約書を公正証書としている。

　この取引は企業会計においては貸付時以外の仕訳は不要です。従って、この取引による損益はゼロですが、税法においては無償による資産の譲渡同様、2つの取引に分けて考えます。つまり、**一旦、社長個人から会社に現金で利息相当額の12万円を支払い、その12万円を社長にそのままバックしたもの**と考えるのです。

≪2つの取引に分けて考えた場合の仕訳≫

（借方）現金　　12万円　（貸方）受取利息 12万円

（借方）役員給与 12万円　（貸方）現金　　12万円

　これらの仕訳による損益はゼロです。

≪この無償取引の税法上の仕訳≫

（借方）役員給与（損金不算入）12万円

　　　　　（貸方）**受取利息（益金）　12万円**

　税法上の仕訳は益金は12万円計上されるものの、借方は損金不算入項目となるため、差し引き12万円の所得が発生することになります。

　法人税法第22条第2項の「無償による役務の提供」は上記仕訳の太字波下線部のことを規定しているのです。

3．無償による資産の譲受け

　これはピンとくると思います。上記1．で触れた≪例題1≫の取引をB社の立場で考えてみましょう。この取引をB社の側で仕訳すると

（借方）車両運搬具　　150万円

　　　　　（貸方）**固定資産受贈益　150万円**

　これは企業会計上の取引と税務上の取引が同じものとなり、150万円の利益ないし所得が発生することになります。法人税法第22条第2項の「無償による資産の譲受け」は上記仕訳の太字波下線部のことを規定しているのです。

　無償取引については企業会計と一部取扱いが異なりますから、条文を読むと少し面食らうところもありますが、有償取引と比べた場合の課税の公平という意味合いから2つの取引に分けて考えると分かりやすいと思います。いずれにせよ、こういった無償の取引につ

いても法人税法は権利（≪例題1≫≪例題2≫では債
権、≪例題3≫では物権）の発生と考えていることを
押さえておきましょう。

(ロ)　測定

　　原則として**時価又は通常得るべき対価相当額**によって計
上することとされています（法人税法第22条の2第4項）。
　　第三者間取引であれば、通常の取引対価が時価又は通常
得るべき対価となりますから特にこのことを意識する必要
はないのですが、特殊関係者間で行われる取引については、
自然な状態で行われる取引ではなく、恣意的に金額を操作
することも比較的容易に行うことができることから注意が
必要となります。すなわち、時価又は通常得るべき対価相
当額とかけ離れた価額で取引が行われた場合にはその取引
対価ではなく、時価又は通常得るべき対価相当額によって
益金を測定することになるのです。これは何故でしょう
か？
　　通常の取引は第三者間取引であり、お互いの利害が対立
する関係間で行われています。つまり、当社と取引相手の
関係は利害が対立しており、このような関係間で行われる
取引というのは恣意性が排除されているため、自然発生的
な取引と考えられるのです。
　　これに対し、特殊関係者間取引については、当社と取引
相手の利害は一致している場合が殆どでしょう。このよう
な取引においては**当社と取引相手の利害は一致し、当社と
税務当局及び取引相手と税務当局の利害は対立します。**つ
まり、当社と取引相手が手を取り合って税務当局に不利な、

いわゆるお手盛りの取引とすることができてしまうのです。このような取引をそのまま認めていたのでは、特殊関係者間取引がある納税者とこのような取引がない納税者の間での課税の公平を図ることができなくなるため、このような取引については時価又は通常得るべき対価相当額によって処理することになるのです。

参考　法人税法第22条の2

第二十二条の二　内国法人の資産の販売若しくは譲渡又は役務の提供（以下この条において「資産の販売等」という。）に係る収益の額は、別段の定め（前条第四項を除く。）があるものを除き、その資産の販売等に係る目的物の引渡し又は役務の提供の日の属する事業年度の所得の金額の計算上、益金の額に算入する。

2　内国法人が、資産の販売等に係る収益の額につき一般に公正妥当と認められる会計処理の基準に従って当該資産の販売等に係る契約の効力が生ずる日その他の前項に規定する日に近接する日の属する事業年度の確定した決算において収益として経理した場合には、同項の規定にかかわらず、当該資産の販売等に係る収益の額は、別段の定め（前条第四項を除く。）があるものを除き、当該事業年度の所得の金額の計算上、益金の額に算入する。

3　内国法人が資産の販売等を行った場合（当該資産の販売等に係る収益の額につき一般に公正妥当と認められる会計処理の基準に従って第一項に規定する日又は前項に規定する近接する日の属する事業年度

の確定した決算において収益として経理した場合を除く。）において、当該資産の販売等に係る同項に規定する近接する日の属する事業年度の確定申告書に当該資産の販売等に係る収益の額の益金算入に関する申告の記載があるときは、その額につき当該事業年度の確定した決算において収益として経理したものとみなして、同項の規定を適用する。

4　内国法人の各事業年度の資産の販売等に係る収益の額として第一項又は第二項の規定により当該事業年度の所得の金額の計算上益金の額に算入する金額は、別段の定め（前条第四項を除く。）があるものを除き、その販売若しくは譲渡をした資産の引渡しの時における価額又はその提供をした役務につき通常得べき対価の額に相当する金額とする。

5　前項の引渡しの時における価額又は通常得べき対価の額は、同項の資産の販売等につき次に掲げる事実が生ずる可能性がある場合においても、その可能性がないものとした場合における価額とする。

　一　当該資産の販売等の対価の額に係る金銭債権の貸倒れ

　二　当該資産の販売等（資産の販売又は譲渡に限る。）に係る資産の買戻し

6　前各項及び前条第二項の場合には、無償による資産の譲渡に係る収益の額は、金銭以外の資産による利益又は剰余金の分配及び残余財産の分配又は引渡しその他これらに類する行為としての資産の譲渡に係る収益の額を含むものとする。

7　前二項に定めるもののほか、資産の販売等に係る

収益の額につき修正の経理をした場合の処理その他第一項から第四項までの規定の適用に関し必要な事項は、政令で定める。

（ハ）　別段の定め

益金を平たくいうと、「法人税の課税対象となる収益」ということになるのですが、会計上の収益であっても益金とはならないものがあります。これについては「別段の定め」を置いて規定しているのですが、益金についての別段の定めは主に受取配当等と法人税・法人住民税や所得税の還付金、収用の特別控除など、数えるほどしかありません。

（ニ）　グレーゾーン取引を考えるときの方向性

益金は権利確定主義により認識されるので、請求権などといった目に見えない権利なども含め、経済的価値が本当に獲得されているのかどうかを考えます。この益金の計上時期は原価の損金計上時期（後述）にも密接につながることになるため、慎重に判断しなければなりません。

計上すべき事業年度が決まったものについては次の「測定」という段階がある訳ですが、これは第三者間取引であれば利害関係が対立する通常の関係間における取引なので原則的にそのまま請求額で計上することとなり、特殊関係者間取引の場合には社会通念上相当と認められる金額（第三者間取引において成立するであろうと考えられる金額）によることとなる場合も出てきます。

③　損金をどのように規定しているのか？

損金は所得金額を少なくする要因となるものですから、当然

に、会計で計上したものを何でもかんでも損金として認める、というスタンスは取っていません。損金として認められるための一般的な要件をまとめてみると、１．事業との関連性が明らかで、２．その経済的な費消や損失が実際に発生しており、３．益金と個別的又は期間的な関係があり、４．健全な会計慣行に沿って処理されており、５．租税回避目的でない（通常あり得る自然な取引である）こと、といえるでしょう。

　㈠　事業との関連性

　　法人の損金の認識については、益金と個別的対応関係にあるものと期間的対応関係にあるものに分けて考えられるのですが、その前に、そもそも法人の損金なのか？という取引がありますから、損金を考えるに当たってこのような取引を除外することから始めたいと思います。具体例でいうと、社長の息子の大学入学金が法人から出金されているといったようなケースです。

　　このような支出については完全に社長の個人的なものに充てられる訳ですから、会計において経費処理した場合には申告時に定期同額給与以外の役員給与として別表四で加算することとなるでしょう。もっとも、後日、社長から返してもらえることになれば立替金などの資産勘定で処理することとなりますが、いずれにせよ、損金の額に算入することは不可能でしょう。

　　そこで、法人の経費として処理したこのような支出についてはものさしを用意しておくとグレーゾーン取引にある程度対応できるのではないでしょうか？

　　そのものさしとは…。「もし、その事業を行っていなかったとすれば、なされなかったであろう支出かどうか」ということです。

香典を例に取ってみましょう。お客様への香典は法人と取引頂いているからこそ出てくる訳で、法人がなければつき合いさえなかったかもしれません。こういった支出については「もし、その事業を行ってなかったとすれば、なされなかった支出」ですから、社長の個人的な支出ではなく、法人の経費・損金として判断されます。

　これに対し、法人とは無関係の社長の親族への香典については、法人の事業をしていなくても社長は親族だから香典は支出する訳です。

　このように、**事業をしていてもしていなくても支出されるものは損金性に乏しい**といえます。先ほど例に挙げた社長の息子の大学入学金しかり、社長の出身校の同窓会費しかり、全くプライベートなカラオケやゴルフの代金しかり…です。

　全てがこれにきれいに当てはまる訳ではありませんが、グレーゾーン取引を処理する際には是非このものさしを活用したいものです。

(ロ)　認識

　法人税法における損金の認識基準は企業会計とほぼ同じといって差し支えないでしょう。つまり、権利確定主義によって認識された益金との対応関係によって帰属年度を確定させるという考え方になります。

　この益金との対応関係には2種類あって、一つは個別的対応関係（直接的対応関係）、もう一つは期間的対応関係（間接的対応関係）と呼ばれるものです。まず、個別的対応関係から見てみることにしましょう。

・個別的対応関係

　個別的対応関係は法人税法第22条第3項第一号の「当該

事業年度の収益に係る売上原価、完成工事原価その他これらに準ずる原価の額」と規定がある部分で、益金と個別的な対応関係にあるもののことを言っています。もう少しだけた言い方をすれば「**益金と直接ヒモがつくもの**」ということになります。私はよく「（直接）ヒモがつく」という言い方をしますが、この表現は「**もし、その支出（未払いのものを含む）がなかったらその収入は得られなかったであろうといった場合のその支出と収入の関係**」という強い結びつきがある関係を意味します。

　例えば、70円で仕入れてきたリンゴを100円で販売すれば、100円の収入と70円の支出は個別的対応関係にありますから、100円の益金が認識された事業年度において70円の損金が計上されることになります。つまり、**益金と個別的対応関係にあるものは益金が計上されるまでは損金の額に算入しない**ことになります。

　また、同号に規定されている「その他これらに準ずる原価の額」というのは、31ページ一番下の <参 考> 無償取引における益金計上について１．の≪この無償取引の税法上の仕訳≫の（借方）固定資産売却原価100万円がこれに該当します。企業会計では単に「固定資産売却益（損）」などと差額で表すのが一般的ですが、法人税法では消費税の課税売上・課税仕入れのように益金と損金は両建てで考えられています。

・期間的対応関係

　期間的対応関係は法人税法第22条第３項の第二号及び第三号に規定されているもので、「前号に掲げるもの（個別的対応関係にあるもの）のほか、当該事業年度の販売費、一般管理費その他の費用（償却費以外の費用で当該事業年

度終了の日までに債務の確定しないものを除く。）の額」と「当該事業年度の損失の額で資本等取引以外の取引に係るもの」がこれに該当します。

　結論からさかのぼって考えると、**損金のうち、個別的対応関係にあるもの以外のもの全て**ということになります。どういうことかというと、益金と個別的対応関係にあるものは益金が計上されたときに損金にすればいいのですが、それ以外のものについては、益金が計上された期間（つまり、事業年度）に発生したものを計上することとして、**「発生した期間が益金と同じもの」**を損金とすることとされたのです。つまり、益金と発生時期が同じものということで揃えた訳ですね。これが「期間的対応」という言葉の意味です（会計上、「期間費用」と呼ばれることもあります）。

　こういった損金の認識についても企業会計の発生主義会計における費用・損失の認識とほぼ同じと考えてよいでしょう。

　気を付けるべき項目としては前払費用、固定資産、繰延資産、引当金などが挙げられます。これらは必ずしも支出した事業年度に全て損金の額に算入される訳ではなく、支出の効果の及ぶ年数に渡って費用を配分する、若しくは特定の費用・損失のうち当事業年度の負担に属する部分を見積もって費用とするものです。いずれにせよ、益金の発生時期と対応させることにより損金として認識されるものということになります。

　参考　「事業年度終了の日までに債務の確定しない
もの」について

法人税法第22条第3項第二号カッコ書きに「償却費以外の費用で当該事業年度終了の日までに債務の確定しないものを除く」とあります。つまり、販売費及び一般管理費などの費用は損金だけれども、償却費以外のもので事業年度末までに債務確定しないものはその事業年度の損金の額には算入しない、ということを言っている訳です。ここで言う債務の確定とは具体的にどのようなことをいうのでしょうか？法人税基本通達2－2－12では次の3要件を挙げ、全てに該当することを要求しています。

(1)　当該事業年度終了の日までに当該費用に係る債務が成立していること。

(2)　当該事業年度終了の日までに当該債務に基づいて具体的な給付をすべき原因となる事実が発生していること。

(3)　当該事業年度終了の日までにその金額を合理的に算定することができるものであること。

　公表裁決事例を見ていると、自社発行ポイントの損金算入時期がしばしば争われているようですが、上記(1)を満たさないので、顧客のポイント使用時（債務成立）まで損金算入（売上値引）できないというような判断となっているものが多いようです。

　なお、このカッコ書きは第二号に係るものなので、第一号の原価や第三号の損失の損金算入には関係ありません。

(ハ) 測定

　原則としてその経済価値の減少額に基づいて測定することになります。ただし、特殊関係者間取引など利害関係が一致する者同士での取引については、自然な状態で行われる取引ではなく、恣意的に金額を操作することも容易に行うことができることから、益金同様、時価又は通常支払うべき対価相当額によって計上することになります。

(ニ) 別段の定め

　損金を平たくいうと、「法人税額の計算上、必要経費として認められるもの」ということになりますが、こういった性質があるため益金とは異なり、実に多くの「別段の定め」が存在します。役員給与、寄附金、圧縮記帳、引当金など法人税の手引書のページ数の大半は損金の別段の定めに関することが書かれているといっても過言ではないでしょう。

(ホ) グレーゾーン取引を考えるときの方向性

　損金は資産が債権に変わったとき（個別的対応）又は発生したとき（期間的対応）に認識されますが、ここで迷うところは大きく分けて１．**事業との関連性はあるのかどうか**、２．**発生はしているが、資産計上しなければならないのではないか**、３．「**別段の定め**」**により損金とはならないものに該当するのではないか**、の３点に絞られると思われます。

　これらの中には期ズレとなるだけでいずれ損金となる訳だから調査で指摘されてもあまり大きなダメージとはならないものもありますが、永久差異（69ページ参照）となり、取戻しが効かないものもあるので特に注意を要する場面も出てくるでしょう。

❷ 2つ目の武器〜規定の趣旨

　通達や事例集などに書かれているそのままズバリの事例であれば迷うことはないのですが、これらに記載されている内容は実務のごく一部にすぎないため、法令や通達を読んでもしっくりこない場合があります。

　そこで「解釈」というものが出てくるのですが、この時に大きなヒントとなるのが「**規定の趣旨**」です。法令は税法に限らず、必ず立法趣旨があります。この立法趣旨、すなわち「**なぜこの規定ができたのか**」「**この規定が存在する理由は何なのか**」ということを意識するようにしましょう。

　普段から規定の趣旨や背景についての情報を集めるようにするとともに、**毎年の税制改正の際には改正の背景を探っておくことが重要**です。これについては一朝一夕にうまくいく訳ではありませんが、こういったことを**常に**意識しておくことによって情報がこっちに向かってきたときにうまくキャッチすることができるでしょう。何年かして気づいてみたら、**いつの間にか税法の読み方がうまくなっていた**とか、**税務調査で調査官にうまく納得してもらうことができた**とかいうことが増えてくると思います。

③ 3つ目の武器～ストーリー作り

3つ目の武器は「**ストーリー作り**」ですが、この説明に入る前に一つ重要なことの定義づけをしておきたいことがあります。それは「節税と脱税の違い」です。節税の一環として行った取引でも脱税と認定されては困りますから、どこまでが節税でどこまでが脱税、ということは明確にしておきたいのです。

① 節税と脱税の違い

実は、節税と脱税の間には租税回避という行為があり、この3つを分かりやすい言葉で説明すると次のようになります。

(イ) **脱税**

脱税は**隠すこと**です。つまり、本当はあるのに、ないという申告をすることです。何を隠す？所得や財産です。所得を隠すのには収益を隠したり経費を水増ししたりする方法がありますが、もちろん、違法です。

(ロ) **租税回避行為**

租税回避行為は違法か合法かと言われると、行為自体は合法です。しかし、これを認めてしまうと課税の公平が損なわれる結果となるものがこれに当たります。

例えば、同族会社のオーナー社長が個人事業もやっているとしましょう。この社長が会社所有の建物を個人で借りて事業を行っています。この建物は月20万円くらいの家賃が相場であるのに対し、この社長は自分の会社に月500万円支払っているとします。

何故こんなことをするのでしょう？おそらく、相場よりずっと高い家賃を支払うことによって**個人の事業所得を圧**

縮し、税負担を軽減したいのだろうということは容易に想像がつきます。この家賃については法人の方では益金として計上されるのですが、多額の繰越欠損がある場合には法人に課税はありませんから、このような取引を行えば全体の税負担がかなり小さくなります。

このような取引は**会社を持っている個人事業者とそうでない個人事業者との間で不公平な結果を招きます**。そこで、会社と社長の間で締結した月500万円の不動産賃貸借契約についての違法性を問うことはしない（私法上は合法）けれども、税金の計算にあたっては相場並みの価格で取引が行われたものとされるのです。

このように租税回避行為を一言で表すと、**行為の目的が税負担の軽減にしかないもの**ということになります。

このような行為には当然に不自然さが残りますから、我々も税務調査の際に、「何故このような取引をされたのですか？」と問われた際に「そうすると税金が少なくなるからです」と言ってしまうと租税回避行為を進んで認める事務所、というレッテルを貼られてしまいかねません。気を付けたいものです。

(ハ) 節税

最後に節税です。これも例を挙げて説明しましょう。

貨物運送事業者（３月末決算法人）が３月29日に活魚を海水に入れたまま運ぶことができる特殊仕様の新車トラックの納車を受け、荷主の求めに応じて３月30日早朝発同日昼着にて活魚を運んだとします。そのまま帰り荷はなく空車で帰ってきて31日の仕事はないまま期末を迎えました。この新車トラックについて特別償却を適用し、購入価格の３割相当額を損金の額に算入しました。

これについては水増し経費を計上して所得を隠している訳ではないため脱税ではありません。また、税負担の減少にのみ目的がある行為でもないため、租税回避行為でもありません。このように**行為の目的が税負担の減少以外のところにあり、結果として税負担が減少しているもの**を節税といいます。

② 租税回避行為・脱税と認定されないための強力な武器がストーリーなのです

　我々も節税を提案するのであれば、行為や取引の目的を本来の事業関係のところに据え、結果として税負担が小さくなるという**ストーリー**を明確にしておかなければなりません。ですから、やってしまった後（例えば、決算後）でストーリーを考えると無理が出てくることもありますから、節税はまず、ストーリーを作ってそれにそって実行することが重要だということが分かります。

　特に損金処理については「なぜ、この取引が必要だったのか」「なぜ、この金額になったのか」「なぜ、この時期にこのような取引をしたのか」を調査のときにスラスラと説明できるようにしておかなければなりません。これを用意していないと、ああ言えばこう言う、という感じの不自然な答弁に終始してしまい、説得力に欠けることになります。

　逆に、これらをスラスラと説明することができれば不問に付されることも少なくありません。それほどストーリーというものは大きな力を持つのですが、このストーリー作りにはコツがあります。それは、**1．実行する前にストーリーを考えること、2．私利私欲の理由は避けること、3．結果として税負担の減少につながったというものとすること**、の3つです。

１．はお客様からあらかじめ相談がないと難しいですが、遅くとも処理する段階では取引の背景などを確認してストーリーを作り、お客様との間で共通認識としておきたいものです。また、２．と３．については、これらを無視したストーリーとした場合には租税回避行為と取られる場合がありますから、「結果として」ということを意識することにより、**税金を少なくするためにやった取引ではない**ということを明らかにしておく必要があるでしょう。

④ 4つ目の武器〜「もし」の仮定

　4つ目の武器である「もし」の仮定には2つの意味があります。これらを一つずつ紹介していくことにしましょう。

① 取引の必要性を考えるときの武器として

　私は、税務調査でつつかれそうな臭いがするお客様の取引を目にしたとき、もし○○でなかったら〜と考えることが多いです。これを自分では「もし」の仮定と呼んでいるのですが、これは結構強力に取引の必要性・必然性を与えてくれます。

　この仮定は、「この取引は必要だ」とか、「これは当事業年度の損金だ」ということを説明するときに逆の方向からみて、これでは都合が悪い…というところに持っていくことによって取引処理の正当性を確保するものです。

　例えば、租税回避と取られそうな取引があった場合に、これは租税回避ではないということを説明するときには「**もし、この取引がなかったら△△ということになり、返って収益獲得の機会を遠ざけてしまう**」とか、「**もし、この事業をやっていなかったらこの支出をする必要がない。よって、この事業をやっていたからこそこの支出が必要だったことになるから事業との関連性がある**」などといった具合です。これを処理時に考えておくことによって判断に自信がつくとともに、調査の時にも説得力を発揮してくれることでしょう。

② 法令の趣旨を考えるときの武器として

　もう一つの「もし」もかなり強力な威力を発揮してくれます。それは、「**もし為政者だったら…**」と考えるということです。

「租税回避行為」について書籍などで調べてみるとこのように書いてあることがあります。「租税回避行為は、租税法規が予定していない異常ないし不自然な法形式を用いて税負担の軽減を図る行為」であると。

　先ほど取り上げた、同族会社に多額の家賃を支払うという例でいうと、我が国の法人税法及び所得税法を作った人は、まさか月20万円が相場の賃貸事務所に月500万円も払う人のことは想定していないのです（特殊関係者間取引か、よほど奇特な人でないとこんなことはしませんよね）。為政者は国家財政に充てるための税収の仕組みを考えて立法する訳ですから、このようなあからさまに不自然な取引については自身が予定した方向に修正を求めたくなるのは当然のことでしょう。

5 5つ目の武器〜立証責任はどちらにあるか？

　最後の武器は「立証責任はどちらにあるか？」です。この部分は非常に重要で、税務当局側に言われっぱなし、でもどこまで反論してもいいのか分からない…という傾向の強い方は特に身に着けて頂きたい考え方です。

　税務処理も税法という法律に従って行うことになりますが、調査官に我々の行った処理に対して異を唱えられるところから丁々発止が始まります。法律上の勝った・負けたは、この立証責任のキャッチボールにおいて**立証責任というボールを相手に投げ返すことができなくなった側の負け**、とされることになっています。このことは裁判でも税務調査でも変わりません。

　そこで、グレーゾーン処理のときに「これは調査で通るかどうか」を考える際、**どちらに立証責任のボールがあるのかということを考える**のです。グレーゾーン取引はどちらに転んでもおかしくないものが多いですから、もし、指摘されたとしても相手がこちらにボールを投げ返すことができない、若しくは、投げ返すのに相当なコスト・負担がかかるというところが想定されるようなところを探っていくのです。

　通常、**立証責任はその主張が通れば有利になる側にあります**。例えば、取引価額の「高い・安い」が問題となるときは、調査官側に立証責任があります。この「高い・安い」を認定することができれば追徴課税額が発生し、調査官側に有利となるからです。このような場合、何と比較して高いのか、又は安いのかという資料は立証責任がある調査官側が用意しなければなりません。その用意もしないでただ、感覚的に、とかいうのは話にならないので、**その高い・安いの判断資料を求めるといいです**。調査官側がボールを返せなく

なったら、その部分については不問に付されたと考えていいでしょう。

　これとは逆に、何故このような一見、不自然に思われるような取引をしたのか、ということなどについては納税者側に立証責任がありますから、前述の「ストーリー作り」や「『もし』の仮定」などで対抗していくことになります。

　この立証責任というものを意識するとグレーゾーン取引にもある程度自信を持って判断・処理できるようになることでしょう。

参考　**立証責任のキャッチボールの例**

　民事裁判で原告Aさんが被告Bさんに貸したお金を返すよう訴えた場面です。

A「〇年〇月〇日に貸した100万円を返せ」⇒ボールはBに

B「△年△月△日に返したから現在、その債務は存在しない」
　　　　　　　　　　　　　　　　　　　　　　⇒ボールはAに

A「いや、返してもらっていない。返したというのなら、領
　収書を見せろ」⇒ボールはBに

B「これがその領収書だ」⇒ボールはAに

A「いや、この字は君の字。偽造された領収書だから信用
　できない」⇒ボールはBに

B「……」

⇒ボールを返せなくなったから、事実はともかく、この裁判
　はBの負け

6 本章のまとめ

　第2章は法人税を処理する上で大変重要なアイテムについて説明してきましたが、ここで紹介したものについて1. なぜそれが重要なのか、2. ここだけは押さえておきたい、3. この武器を使いこなすコツ、という視点でまとめてみたいと思います。

① 法人税法第22条を理解することはマストであるということ

　(イ) なぜそれが重要なのか？

　　　いうまでもありませんが、所得計算の規定だからです。ここがあいまいになっていると、法人税の処理について質問されたときにぶれぶれになりかねません。

　(ロ) ここだけは押さえておきたい

　　・分からなくなったらこの条文に返ってくるといい

　　・益金、損金の認識（いつ）と測定（いくら）で頭を整理すること！

　　・益金は規定に従い、無償取引も含めもれなく計上すること⇒益金は漏れているか、漏れていないかが問題となるため、漏れていなければクリアできる

　　・損金は問題になりやすい項目であるため、「事業との関連性」「資産計上との境目」「別段の定めという名の例外規定に抵触しないか」を意識すること

　　・損金を否認された際、期ズレなのか永久差異なのかを意識するところまでできればベター

　(ハ) この武器を使いこなすコツ

　　　いつも法人税法第22条を意識していると大変ですから、処理に迷う事例が出てきたときにだけここを意識し、**解決したときには本条のどこをどう解釈したらこのような処理**

になったのかという**作業を自分なりに納得できるまでやっ
てみることです**（特に損金は第一号、第二号、第三号のど
れに該当するのか）。合わせて、**「別段の定め」に該当する
場合には何がどこに該当するのか**を考えてみるとより理解
が深まります。

② 規定の趣旨を押さえることは「チカラ」であるということ
　(イ)　なぜそれが重要なのか
　　　　税法の理解の大きな助けになり、実際の取引を規定に当
　　　てはめることが容易になるとともに、税務調査の際の主張
　　　に説得力を持たせることができるためです。
　(ロ)　ここだけは押さえておきたい
　　　・規定の趣旨を押さえておくと変化球への対応がしやすい
　　　　ということ
　　　・そのためには毎年の税制改正の情報を追っていくとよい
　　　　ということ
　　　・幅広く、奥深い知識の部分なので、常に「規定の趣旨を
　　　　知りたい」とアンテナを張っておくことによって情報が
　　　　キャッチできるのだということ
　(ハ)　この武器を使いこなすコツ
　　　　規定の趣旨は書籍などで情報を得られる部分もあります
　　　が、ボリュームが膨大であるため、焦るとあまりいいこと
　　　がありません。常に意識はしておいて、答えをキャッチす
　　　ることができたときに「ラッキー」と喜ぶくらいでいいの
　　　ではないでしょうか。本書においてもできる限り規定の趣
　　　旨については触れていきます。

③ ストーリー作りは「転ばぬ先の杖」であるということ

　㋑　なぜそれが重要なのか

　　　税務調査において「租税回避行為」や「脱税」に認定されないためです。

　㋺　ここだけは押さえておきたい

　　　・脱税と租税回避行為と節税の違いを明確に理解すること

　　　・「結果として」税負担が小さくなったというところに持っていくこと

　　　・そのためには付け焼刃的ではなく、あらかじめストーリーを用意しておく必要があるということ

　㋩　この武器を使いこなすコツ

　　　特にお客様から節税を意図した取引の相談があった場合や会計事務所側から節税提案をする場合にはストーリーを意識することです。この**ストーリーは会計事務所だけで作ってはなりません。必ず社長を巻き込んで、共有して**おかないとせっかく用意したストーリーも頓珍漢なものとなったり、税務調査のときに社長に「えっ、そうじゃなくて本当は…」などとはしごを外されて逆効果になったりと、悲惨なことになりかねません。

④ 「もし」の仮定はアウトプット、インプットともに大きな助けとなること

　㋑　なぜそれが重要なのか

　　　アウトプットの面からいうと、税務調査の際の説明に大きな威力を発揮するということです。インプットの面からいうと、為政者（立法者）側から見たときに規定の趣旨にたどり着くための道具になるということです。いずれにせよ、物事を逆の方向から見てみることの有用性にその重要

性があるといえるでしょう。

　(ロ)　ここだけは押さえておきたい
　　・「もし、この取引がなかったら…」
　　・「もし、支出がなかったら…」
　　・「もし、私が為政者（立法者）だったら…」

　(ハ)　この武器を使いこなすコツ
　　　特に損金性の有無について迷うときは是非、このフレーズを使ってみて下さい。反対側から取引をみてみると思いがけない解釈にたどり着くことがありますよ。

⑤　立証責任はどちらにあるかまで考えると調査官を納得させられるということ

　(イ)　なぜそれが重要なのか
　　　税務調査を意識すると、特に念を入れて処理しなければならないところとあまり対策を考えなくてよいところのメリハリをつけることができるようになるとともに、税務調査の際に調査官の責任となるべき部分をはっきりと主張できるようになるためです。

　(ロ)　ここだけは押さえておきたい
　　・立証責任はキャッチボールであり、相手に投げ返すことができなくなった方が責任をとらなければならなくなる（負ける）ということ
　　・立証責任はその主張が通れば有利になる側にあるということ
　　・調査官側に立証責任のボールを投げ返すのが困難・面倒となるものについては不問にされる可能性が高いということ

　(ハ)　この武器を使いこなすコツ

この部分はどちらかというと高等テクニックの部類に属
するため、余裕があるときに取り組むということにしても
いいと思います。

第3章

法人税の処理で分かりにくいところを根本から押さえる

ここまでで、法人税の取扱いの全体的なことについて見てきました。これを踏まえた上で法人のお客様の取引を処理することになるのですが、これだけだととても範囲が広くて奥深い法人税に立ち向かうことは難しいと思います。なぜなら、税法は「一読理解、二読誤解、三読不可解」と言われるだけあって、何となく分かるけれども、実際にやってみたらできないということが多々あるからです。

　そこで、この章では個別具体的なことについてその根幹を押さえることとし、アラカルト的に趣旨や経緯、仕組みなどを探ることにします。

1 別表四の加算・減算の処分欄と別表五（一）の意味合い

　この章の最初にウォームアップを兼ねて別表四と五（一）から見ていきましょう。これら2つの別表は大変密なつながりを持つ別表なのですが、別表四と別表五（一）は何を表さんがために、どのような記載が求められており、それはどのような意味合いを持つのかということを体系的に理解しておくと、特に修正申告書を作成する際などにはスムーズに行うことができるでしょう。

　決算書や申告書の記載箇所の意味合いを体に染みこませておくとどんな良いことがあるのかというと、ちょっと分かりにくい記載内容が出てきて間違った処理をしてしまったときにも、**「本当にこれで合っているのかな？」という勘が働く**ようになることです。このように、普段何気なく決められた通りに作成している別表もその奥深いところを体得しておくことは間違いのない処理につながるのです。

① 別表四の処分欄は何のためにあるのか？

　別表四の加算、減算の各項目には左側に総額欄、右側に処分欄があり、さらに処分欄は留保欄と社外流出欄に分かれています。総額欄はともかく、何故処分欄があるのでしょうか？課税所得を求めることが別表四の作成目的であれば、留保や社外流出の区別はいらないのではないでしょうか？

(イ) 減価償却超過額の加算を考える…期ズレ

　例えば、減価償却費を税法の限度額よりも大きい金額で決算を行ったとしましょう。決算は会社が株主総会の承認を得て確定させ、利害関係者に開示されるものですから、

その計算方法については一般に公正妥当と認められる会計基準に従って行われている限り、税法が「その決算は間違っている。このように直しなさい」ということはできません。

だからといって、株主総会の承認を得たものをそのまま法人税の課税標準にしたのでは、特に減価償却費や引当金などといった見積もり計算を行うものについて納税者間で不公平が生じます。

そこで、損金の額の計算においては「別段の定め」を設け、減価償却費については決算で損金経理を行った金額（※）のうち償却限度額に達するまでの金額は損金として認めるけれども、それを超える部分についてはその事業年度の損金の額に算入しないこととしているのです（法人税法第31条第1項）。

（※）　減価償却費として損金経理を行ったこととなる勘定科目は減価償却費、消耗品費、修繕費、圧縮損、除却損などです。なお、繰延資産についてはどの勘定科目でもよいことになっています（法人税基本通達7－5－1、8－3－2）。

例を挙げて説明しましょう。

取得価額300万円の車両について、税法上の償却限度額が50万円（定額法によるものとし、毎年50万円が限度額とします）とされているところ、確定決算において80万円償却したとしましょう。この事業年度の別表四においては差し引き30万円の償却超過額が加算されることはよく分かるのですが、ここで考えたいのは、その翌事業年度の確定決算において10万円しか減価償却費を計上しなかった場合、別表四はどのようになるのかということです。

答えをいうと、前事業年度において加算を行った30万円は全額この事業年度において認容され、別表四で減算処理を行うことになります。これは前事業年度の決算において損金経理を行った金額のうち税法限度額超過分の30万円と当期において減価償却費を計上した金額（10万円）の合計額（40万円）のうち、償却限度額（50万円）に達するまでの金額をその事業年度の損金の額に算入することとされていますから、前期の償却超過額30万円が別表四の減算調整を経て損金算入されることになるのです。

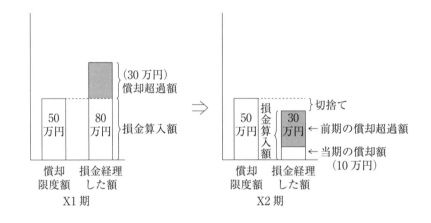

　これって、一旦、30万円が加算されますが、確定決算において償却不足が生じた翌期に減算されることによって**税の取り戻しが図られています**よね！？これは何故かというと、損金算入の時期が税法の定めるものと異なっていたからであって、**損金性を否認された訳ではない**ためです。つまり、「今期の損金じゃない」と言われただけで、いずれ、どこかの事業年度の損金となっているものなのです。つまり、**期ズレによる調整項目**といえるでしょう。

このような加算（減算）項目については、**いずれ取り戻しが可能ですから、どこかに加算した金額を書き留めておかないといけません。**これをどこに書き留めておくのかというと、別表五（一）です。この別表五（一）に書き留めておくべき加算（減算）項目は別表四の「留保」欄に記載することになっています。

考 察 別表四の留保欄に記載される項目はどこに「留保」されるのか？

期ズレによる加算項目や減算項目は別表四において留保加算・留保減算の欄に記載されるとともに、別表五（一）に記載されると書きました。では、この留保欄に記載された金額はどこに留保されているのでしょうか？

先ほどの車両の例で考えてみましょう。

（1期目）

・確定決算上の貸借対照表価額

　300万円－80万円＝220万円

・税務上の貸借対照表価額

　300万円－50万円（損金算入額）＝250万円

（2期目）

・確定決算上の貸借対照表価額

　220万円－10万円＝210万円

・税務上の貸借対照表価額

　250万円－40万円（損金算入額）＝210万円

1期目の税務上の貸借対照表価額は、確定決算上の貸借対照表価額に比べると損金不算入とした30万円だけ大きくなっています。これが2期目になると、

確定決算では10万円しか減価償却を行わなかったため、別表四において減算され、両者の貸借対照表価額は一致することになります。税務上の貸借対照表価額が確定決算上の貸借対照表価額に追いついた（？）訳です。

このように見てみると、1期目において加算された30万円は**税務上の貸借対照表の中に留保されている**ように見えませんか？このことから分かることは、**期ズレの税務調整項目は加算・減算ともに税務上の貸借対照表の中に留保される（減算項目についてはマイナスで）**形で翌期以降に繰り越され、加算されたものについては損金算入時期に、減算されたものについては益金算入時期に**それぞれ逆の処理を行って精算する**のだということです。

なお、これに該当する期ズレの代表例を挙げると次の通りです。

・留保加算項目

　減価償却超過額、引当金繰入超過額、棚卸資産計上もれ、売掛金計上もれ（売上の期ズレ、貸倒損失否認とも）など

・留保減算項目

　納税充当金から支出した事業税等の金額（※）、仮払税金認定損（還付法人税などを確定決算において資産計上した場合）、未払消費税の認容額（税抜経理を行っている場合に修正申告等の課税売上の計上もれ又は仕入税額控除の否認に伴い発生した消費税の追徴税額）など

　（※）　納税充当金は損金不算入項目なので、税務

上の貸借対照表においては負債金額から省かれる（会計上の負債には記載されているので両者の貸借対照表の差異ということで、留保加算）のですが、そのうち事業税の部分については翌期に損金算入されることになります。

この損金算入については、別表五（一）の右端の金額、27納税充当金から28未納法人税及び未納地方法人税、29未納道府県民税並びに30未納市町村民税の合計額を差し引いた金額（事業税の金額がプラスで残ります）がプラスで繰り越されるため、これを精算すべく翌期（法人事業税の申告書提出事業年度）の別表四において減算するという方法によります。

所得の金額の計算に関する明細書(簡易様式)

事業年度 ・ ・ 　法人名 ・

御注意

1 　沖縄の認定法人又は指定法人の課税の特例、国家戦略特別区域における指定法人の課税の特例、農業経営基盤強化準備金の課税の特例、組合事業等に係る損失がある場合の課税の特例、対外船舶運航事業を営む法人の日本船舶による収入金額の課税の特例又は中部国際空港用地の造成のための準備金の課税の特例の適用を受ける法人にあっては、別表四の特例による別表四を御

2 　租税特別措置法「48」の(1)、(4)欄の金額は、(2)欄の金額に(3)欄の本書の金額を加算し、これから「※」の金額を加減算した額と符合することになりますから留意してください。

区分		総額 ①	処分 留保 ②	処分 社外流出 ③
当期利益又は当期欠損の額	1	円	円	配当　　　　　円 / その他
加　算　損金経理をした法人税及び地方法人税(附帯税を除く。)	2			
損金経理をした道府県民税及び市町村民税	3			
損金経理をした納税充当金	4			
損金経理をした附帯税(利子税を除く。)、加算金、延滞金(延納分を除く。)及び過怠税	5			その他
減価償却の償却超過額	6			
役員給与の損金不算入額	7			その他
交際費等の損金不算入額	8			その他
	9			
	10			
小　計	11			
減　算　減価償却超過額の当期認容額	12			
納税充当金から支出した事業税等の金額	13			
受取配当等の益金不算入額(別表八(一)「13」又は「26」)	14			※
外国子会社から受ける剰余金の配当等の益金不算入額(別表八(二)「26」)	15			※
受贈益の益金不算入額	16			※
適格現物分配に係る益金不算入額	17			※
法人税等の中間納付額及び過誤納に係る還付金額	18			
所得税額等及び欠損金の繰戻しによる還付金額等	19			※
	20			
小　計	21			外 ※
仮　計 (1)+(11)-(21)	22			外 ※
関連者等に係る支払利子等又は対象純支払利子等の損金不算入額(別表十七(二の二)「29」又は「34」)	23			その他
超過利子額の損金算入額(別表十七(二の三)「10」)	24	△		※ △
仮　計 ((22)から(24)までの計)	25			外 ※
寄附金の損金不算入額(別表十四(二)「24」又は「40」)	27			その他
法人税額から控除される所得税額(別表六(一)「6の③」)	29			その他
税額控除の対象となる外国法人税の額(別表六(二の二)「7」)	30			その他
分配時調整外国税相当額及び外国関係会社等に係る控除対象所得税額等相当額(別表六(五の二)「5の②」+別表十七(三の六)「1」)	31			その他
合　計 (25)+(27)+(29)+(30)+(31)	34			外 ※
契約者配当の益金算入額(別表九(一)「13」)	35			
中間申告における繰戻しによる還付に係る災害損失欠損金額の益金算入額	37			※
非適格合併又は残余財産の全部分配等による移転資産等の譲渡利益額又は譲渡損失額	38			※
差　引　計 (34)+(35)+(37)+(38)	39			外 ※
欠損金等又は災害損失金等の当期控除額(別表七(一)「4の計」+(別表七(四)「10」)	40	△		※ △
総　計 (39)+(40)	41			外 ※
新鉱床探鉱費又は海外新鉱床探鉱費の特別控除額(別表十(三)「43」)	42	△		※
残余財産の確定の日の属する事業年度に係る事業税の損金算入額	47	△	△	
所得金額又は欠損金額	48			外 ※

利益積立金額及び資本金等の額の計算に関する明細書

事業年度	・ ・	法人名	

I 利益積立金額の計算に関する明細書

区　　分		期首現在利益積立金額 ①	当　期　の　増　減 減 ②	当　期　の　増　減 増 ③	差引翌期首現在利益積立金額 ①-②+③ ④
利 益 準 備 金	1	円	円	円	円
積 立 金	2				
	3				
	4				
	5				
	6				
	7				
	8				
	9				
	10				
	11				
	12				
	13				
	14				
	15				
	16				
	17				
	18				
	19				
	20				
	21				
	22				
	23				
	24				
	25				
繰越損益金（損は赤）	26				
納 税 充 当 金	27				
未納法人税等 未納法人税及び未納地方法人税（附帯税を除く。）	28	△	△	中間 △ / 確定 △	△
未納法人税等 未納道府県民税（均等割額を含む。）	29	△	△	中間 △ / 確定 △	△
未納法人税等 未納市町村民税（均等割額を含む。）	30	△	△	中間 △ / 確定 △	△
差 引 合 計 額	31				

II 資本金等の額の計算に関する明細書

区　　分		期首現在資本金等の額 ①	当　期　の　増　減 減 ②	当　期　の　増　減 増 ③	差引翌期首現在資本金等の額 ①-②+③ ④
資 本 金 又 は 出 資 金	32	円	円	円	円
資 本 準 備 金	33				
	34				
	35				
差 引 合 計 額	36				

(ロ)　交際費等の損金不算入の加算を考える…永久差異

　　次に、同じ加算項目である交際費等の損金不算入を考え
てみましょう。

　　交際費等は純然たる損益計算項目です。減価償却費は固
定資産という貸借対照表項目の減算部分なので、減価償却
超過額＝固定資産計上もれ額となり、確定決算上の貸借対
照表価額と税務上の貸借対照表価額の差異というものが期
ズレという形で出てくるのですが、純然たる損益計算項目
についてはそのようなことがありません。ゆえに、別表五
（一）で翌期以降に差異を繰り越すこともありません。

　　つまり、交際費等の損金不算入は**費用・損失項目の損金
性否認**に他ならないのです。

　　費用・損失項目の損金性否認は翌期以降に取り戻しを行
うことはできません。こういった加算項目は支払いが行わ
れているにもかかわらず、その支払いが課税対象とされる
（控除されない）ため、「社外流出欄」に記載することとな
ります。このような期ズレではない会計と税務の差異を**永
久差異**といいます。社外流出欄の記載内容を一言でいうと、
言葉は悪いですが、**取られっぱなしの加算項目**となるで
しょうか。代表例として、役員給与の損金不算入、延滞税
等の損金不算入、寄付金の損金不算入などが挙げられます。

　　反対に、確定決算においては収益として計上しているの
だけれども、益金不算入として課税対象としない項目が数
少ないながらも存在します。例えば、受取配当等の益金不
算入額、収用等の5,000万円控除、還付所得税や繰戻し還
付法人税などが挙げられます。

　　このような項目はいわば、法人税の非課税のような意味
合いがあるもので、会計上の収益との永久差異となるため

社外流出欄に記載するのですが、「※」をつけることになっています。なお、**普通法人に係る法人税に非課税項目はなく**、これに該当するものを益金不算入と呼んでいます。

　また、これらの他に永久差異の減算項目として、青色欠損金の繰越控除額が挙げられます。

② 別表五（一）のタイトル「利益積立金額」って何？

　先ほど、別表四の期ズレのところで、確定決算上の貸借対照表価額と税務上の貸借対照表価額の差異を備忘録的に別表五（一）に記載すると申し上げました。これは別表五（一）の大変重要な役割なのですが、実は、これが主な役割ではありません。別表五（一）には「利益積立金額（及び資本金等の額）の計算に関する明細書」というタイトルがついていますから、この別表の目的は利益積立金額を計算することであり、期ズレ差異の記載はそのための一手段ということになります。

　では、「利益積立金額」とは何なのでしょうか？

　別表四は税務上の損益計算書、別表五（一）は税務上の貸借対照表と言われます。利益積立金額とは何なのかを考える前に、別表四の仕組みを考えてみましょう。

　別表四はとても分かりやすいひな形となっています。一番上に確定決算の当期純利益を記載し、税務上との差異を加算、減算して所得金額を求めるという、いわば、**当期純利益から所得金額へのコンバージョン（変換）を行う**ものとなっており、その流れがよく分かります。

　これに比べて、別表五（一）はとても分かりにくいひな形だと思います。これも確定決算における純資産の部の繰越利益剰余金が一番上にあると別表四同様、よく分かるのだと思いますが、いかんせん、これが26繰越損益金として下の方に位置する

ので、その役割が極めて分かりにくくなっているのです。この欄が一番上にあったらどうなるのでしょうか？確定決算の数字（繰越利益剰余金）に、税務上の貸借対照表との差異をプラス、マイナスして**税務上の繰越利益剰余金**を計算する表ということになるのではないでしょうか？

　つまり、**利益積立金額とは**税務上の繰越利益剰余金、言い換えれば、「課税済みの社内留保金額」ということになります。

参 考　**利益積立金額はどの場面で使用するのか？**

　別表五（一）で計算する利益積立金額は課税済みの社内留保金額ということは分かりました。では、この金額はどこで使用するのでしょうか？

　この金額自体が使用価値のないものであれば、別表五（一）は別表四の留保加減算額の備忘録として機能すればいいだけなので、計算は不要ということになります。逆に言うと、この計算を行うということは、どこかで使用する機会があるものだということです。利益積立金額の主な使用機会としては次のようなものが挙げられます。

1. 特定同族会社の留保金課税における留保控除額

　　特定同族会社については、ある事業年度において多額の所得を計上した場合、それを配当せずに法人内に留保しておくこととすると、個人株主においては超過累進税率が適用されることにより大きな税負担となるであろう配当所得が実現せず、それよりも小さい法人税の負担しかしなくて済むことになります。

　　このように配当を行わず、利益を社内に留保する一定の同族会社については通常の法人税に、その留

保利益の一部について別の税率を適用して計算した金額を加算することになっています。これを特定同族会社の留保金課税といい、繰越欠損金により所得金額がゼロになる場合にも、この適用がある場合にはこの部分の法人税負担が出てきます。

　この留保金課税は、その事業年度に生じた所得のうち、留保控除額と呼ばれる金額を超える部分について行われるのですが、その留保控除額の計算要素の一つが「資本金の額×25％－期末利益積立金額」となっています。この金額までは留保金課税の対象にならないとされている訳ですが、これは、会社が配当を行う場合、会社計算規則第22条において資本金の額の４分の１までの金額を利益準備金として社内留保が強制されているのに、ここに課税を行うのはおかしい、とする考え方との整合を図るため、このように定められているのです。

2. 清算事業年度の期限切れ欠損金の損金算入

　会社の解散後、残余財産がないと見込まれる場合には、いわゆる期限切れ欠損金を損金の額に算入することとされています。これは、清算事業年度の法人税の計算方法が財産法から損益法に変更になった際、最後に残った役員借入金をやむを得ず債務免除する場合の免除益を課税対象としないために設けられたものです。

　この期限切れ欠損金の金額は「期首利益積立金額のマイナスをプラスにしたもの－青色欠損金の額」で計算されることになっています。

　これは、利益積立金額がマイナスになっていると

いうことは、課税済みの留保金額がないということ
を意味し、つまりは、損失により資本金を食いつぶ
していたということになります。その資本金を食い
つぶした部分には担税力がないため、債務免除益を
計上して利益が計上されたとしても、その食いつぶ
した分を損金の額に算入することによってその部分
に課税を行わないことにしたのです。

　この食いつぶした部分には青色欠損金の額が含ま
れていますから、この部分については二重控除とな
るため、この部分を控除した残額を期限切れ欠損金
額としているのです。

② 何故、役員給与の損金不算入規定はあるのか？

① 役員給与の損金不算入

　(イ)　長い歴史を持つ役員給与の損金不算入の考え方

　　　役員給与の損金不算入の規定は歴史が長く、1899年（明治32年）、まだ法人税という税目がなく、第一種所得税として課税されるようになった頃から既にあったようです。日清戦争が終わって4年しか経っていない時期からこの考え方があったということには驚きます。

　　　ここでは、利益の有無にかかわらず支給されるものは損金算入、利益が出たことに基因して支給されるもの（役員賞与）は損金不算入とされていたようですが、商法や企業会計においても役員賞与は利益処分と考えられていたため、損金性がないこととされたのでしょう。

　　　なお、役員給与の損金不算入は社外流出加算項目ですから、永久差異（費用の損金性否認）となり、税の取り戻しを図ることはできません。

　(ロ)　お手盛り防止

　　　役員は会社の経営執行権を持っていますから、会社の財産はいかようにでも処分することができます。我が国法人の大多数は同族会社なので、株主の顔色を窺うことなしに自由に役員賞与を出すことができます。これについて全て損金算入を認めていたら法人税を納める同族会社はほぼ皆無となるかもしれません。このことは、会社で事業を行っている納税者と個人で事業を行っている事業者との間で極めて大きな不公平を生む結果となります。

　　　このように、**会社が租税回避的な意味合いで役員に賞与**

を支給し法人税負担を逃れるといったお手盛りの行為を防ぐために役員給与の損金不算入の規定が設けられているのです。また、この取扱いは商法などにおいて役員賞与が利益処分とされていたこととも整合が取れていました。

㈘　2006年度税制改正における大改正

それまでは過大役員給与の損金不算入と役員賞与の損金不算入の２本立てだった役員給与規定ががらりと姿を変え、役員報酬と役員賞与を役員給与として一本化し、原則損金不算入とした上で、その例外（つまり、損金算入のもの）を１．定期同額給与、２．事前確定届出給与、３．利益連動給与の３つに限定したのです。

この背景には2002年商法改正において委員会等設置会社制度や業績連動報酬制度が導入されたことがありました。委員会等設置会社においては利益処分による役員への金銭の分配ができないこととされ、また、業績連動報酬についても費用処理することとされたのです。

また、2005年11月に企業会計基準委員会は、「役員賞与は、発生した会計期間の費用として会計処理することが適当」として、利益処分による処理をやめることにしました。

この取扱いは2006年５月施行の会社法にも引き継がれ、第361条において役員報酬も役員賞与も職務執行の対価（報酬等）として規定されました。これにより従来の役員報酬と役員賞与を区分する理由が乏しくなったのです。

このように、１．役員給与の中に業績連動の部分が入り込んできたこと、２．役員賞与部分も費用処理することになったこと、の理由から2006年度税制改正において現在の形となったのです。

② 定期同額給与

では、限定列挙の形で損金算入が認められているものを確認していきたいと思います。なお、本書は中小企業の処理を対象としているため、利益連動給与については説明を省きます。

(イ) 定期同額給与の要件と範囲

・支給時期が1か月以下の期間ごとであること
・その事業年度の各支給時期における支給額が同額であること
・（準ずるもの1）一定の要件下で行われた改定前及び改定後の定期給与で各支給時期における支給額が同額であるもの
・（準ずるもの2）継続的に供与される経済的な利益のうち、その供与される利益の額が毎月おおむね一定であるもの

(ロ) 改定時期

定期給与の改定については、一定の要件下で行われたものだけが定期同額給与に該当します。この要件は次の4つのいずれかに該当することとされています。

・その会計期間開始の日から**3か月を経過する日までに**された定期給与の額の改定

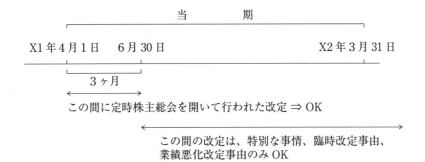

・継続して毎年所定の時期（定時株主総会を指していると思われる）に行われる改定がその３か月経過日後にされることについて特別な事情があると認められる場合にはその３か月経過日後にされた定期給与の額の改定

・その事業年度においてその役員の職制上の地位、職務の内容の重大な変更その他これらに類するやむを得ない事情によりされたこれらの役員に係る定期給与の額の改定（**臨時改定事由**による改定）

・その事業年度において経営の状況が著しく悪化したことその他これに類する理由によりされた定期給与の額の改定（**業績悪化改定事由**による改定）

(ハ)　支給総額が同額？手取り額が同額？

　　当初、支給総額が一定であるもののみが定期同額給与として認められていました。しかし、外国人取締役が珍しくない昨今、彼らと会社の間で交わされる契約は手取りベースであることが多いようです。外国人の彼らにとっては、日本の税金や社会保険料は「あなたの国のこと」であって、自分には関係ないのです。私達も逆の立場だったらそう考えると思います。

　　このような事情に鑑み、2017年４月１日以後支給決議分から支給総額が一定であるものに加え、総支給額から１．源泉所得税、２．特別徴収される住民税、３．厚生年金保険料など所得税の社会保険料控除の対象となるもの、の３つを控除した金額が一定であるものも定期同額給与として認められました。もちろん、この取扱いは日本人取締役にも適用があります。

(ニ)　損金不算入額

　　改定時期の要件を満たさない改定や、突発的に支給され

た役員給与がある場合の損金不算入額はどのようになるの
でしょうか？

　まず、会計期間を2つに分けて考えます。一つは会計期
間の開始日から定時株主総会開催月の末日です。もう一つ
はその翌月の初日から会計期間の終了日までの期間です。

　この2つの期間においてそれぞれの定時株主総会以降、
最も低い役員給与の額を超える部分の金額が損金不算入額
となります。逆にいうと、それぞれ最も低い役員給与の額
にその期間の月数を掛けたものの合計額が損金算入額とな
るのです。

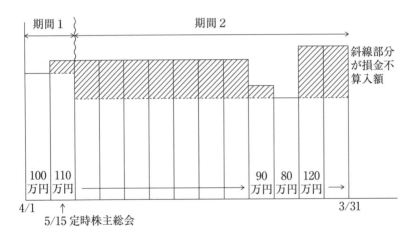

③　事前確定届出給与

　2006年度税制改正に至る経緯の中で、業績連動報酬を費用処
理することとされたり、役員賞与は発生した会計期間の費用と
して会計処理することが適当とされたりしたことを紹介しまし
た。このことは、役員賞与に対する考え方が変わってきたこと
が背景にあります。

　そこで、法人税法においても、事前確定届出給与の損金算入

を認めることとされたのです。

 (イ) 事前確定届出給与の意義

  その役員の職務につき**所定の時期に確定した金額を支給**する給与で、定期同額給与（及び業績連動給与）に該当しないものをいいます。

 (ロ) 事前確定届出給与の届出期限

  事前確定届出給与を支給する場合には、事前確定届出給与対象者の氏名や支給時期、支給額、決議日、職務執行開始日及び事前確定届出給与とする理由などを記載した届出書を提出しなければなりません。

  この場合の届出期限は、原則として**決議を行った株主総会の日から1か月を経過する日**とされています。ただし、この1か月を経過する日が会計期間開始日から4か月経過日後となる場合にはその**4か月経過日**（申告期限の延長の場合にはその指定月数に3を加えた月数の経過日）が届出期限になります。

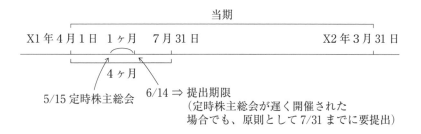

 (ハ) 届出通りに支給しなかった場合

  届け出た日に事前確定届出給与を支給しなかったり、届け出た金額を支給しなかったりした場合には、それらの支給額は**事前確定届出給与に該当しません**から、**全額損金不算入**となります。

❸ 「売上原価、完成工事原価その他これらに準ずる原価の額」の見積り計上

　法人税法第22条第3項第一号において、当該事業年度の収益に係る売上原価、完成工事原価その他これらに準ずる原価の額は当該事業年度の損金の額に算入する旨、規定しています。では、事業年度終了の時、もっといえば確定申告期限においてその債務の額が確定しない場合にはどうすればいいのでしょうか？

　結論から先に言うと、これについては見積もり額によるその事業年度の損金算入が認められており、後日、債務が確定した時に見積もり計上額との差額が判明した場合にはその差額について修正申告又は更正の請求をすることとされています（消費税についても同様）。以下、その理由とこの取扱いの適用範囲について考えてみます。

① 　何故、売上原価等は見積もり計上が認められているのか？

　　法人税法第22条第3項第二号（費用の額の損金算入）については、かっこ書きにおいて償却費以外の費用で当該事業年度終了の日までに債務の確定しないものを損金の額から除くこととされています。しかし、このかっこ書きの内容は第一号にはありません。これを裏読みすると、売上原価等は当該事業年度終了の日までに債務が確定しないものについても損金の額に算入されるということになります。

　　先述の通り、売上原価等と益金の額の間には個別的対応関係があります。したがって、**個別的対応関係がある支出を伴う益金については必ずその対応する分の支出を差し引いた「粗利」の部分を課税の対象とする**ということになります。これは、益金の額全額がその法人のものになる訳ではなく、その「粗利」

の部分しか残らない取引であることから、担税力のことを考えても妥当な取扱いといえるでしょう。

　このように考えると、事業年度終了の日までに債務が確定しないという理由でその事業年度の損金算入を認めないという取扱いは「粗利」課税という考え方に著しく反してしまい、担税力のない部分にまで課税が行われることになってしまいます。このことが、売上原価等について見積もり計上が認められる理由です。

② 見積り計上が認められる売上原価等の範囲はどこまでか？

　さて、実務において問題となるのは、この見積もり計上が認められる売上原価等の範囲はどこまでなのかということです。

　次のものが当該事業年度終了の日までに債務が確定しない場合の一般的な取扱いを考えてみましょう。

（イ）　スーパーマーケットが販売する野菜の仕入れ値

　　これは売上原価そのものですから、当然に見積もり計上が認められます。

（ロ）　建設業者が請け負い、引き渡した物件に係る外注費

　　建設業者が支払う外注費は、完成工事高を計上するのに直接要する費用（この支出があるからこそ物件が完成し、完成工事高の請求ができる）ですから、工事原価に該当し、見積もり計上が認められます。

　　ただし、実質的な給与を外注費としている場合には見積もり計上は認められません。

（ハ）　建設業者が作業現場に作業期間中だけ設置していたプレハブに係る撤去費用

　　これは完成工事高を計上するのに直接要する費用ではありますが、単なる事後費用ですから、見積もり計上するこ

とはできません。

(ニ) 貨物運送事業者が請け負い、完了した運送役務に係る燃料代

これは運送業の運送収入に対応する原価の額に該当するため、見積もり計上が認められます。高速道路代などについても同様です。

(ホ) 製造業者が負担する材料仕入に係る運賃・仕掛品等の工場間移動に係る運賃

材料仕入について負担した運賃は材料仕入の付随費用ですから、材料の取得価額とされ、製造原価を構成することから、見積もり計上が認められます。仕掛品等を工場間で移動する際の運賃も同様です。

(ヘ) 製造業者が引き渡した製品に係る発送運賃

製品の顧客への引き渡しに係る発送運賃については、販売費に該当するため、見積もり計上することはできません。

(ト) 税理士法人が請け負い、完了した確定申告業務に係る従業員の特別賞与

これは売上に直接ヒモがつく費用ではありますが、債務が確定していない給与・賞与については見積もり計上することはできません。

これらの事例をみてみると、1．商品仕入・材料仕入及びそのための付随費用は見積もり計上OK、2．外注費や運送業の燃料費など「この支出がないと売上が立たない」というレベルの原価であれば見積もり計上OK、3．事後費用及び人件費については見積もり計上NGという共通項が見てとれます。

> **参 考　法人税基本通達２－２－１**
> ２－２－１　法第22条第３項第一号《損金の額に算入さ

れる売上原価等》に規定する「当該事業年度の収益に
係る売上原価、完成工事原価その他これらに準ずる原
価」（以下2-2-1において「売上原価等」とい
う。）となるべき費用の額の全部又は一部が当該事業
年度終了の日までに確定していない場合には、**同日の
現況によりその金額を適正に見積る**ものとする。この
場合において、その確定していない費用が売上原価等
となるべき費用かどうかは、当該売上原価等に係る資
産の販売若しくは譲渡又は役務の提供に関する契約の
内容、当該費用の性質等を勘案して合理的に判断する
のであるが、たとえその販売、譲渡又は提供に関連し
て発生する費用であっても、単なる事後的費用の性格
を有するものはこれに含まれないことに留意する。

❹　短期前払費用とすることができないもの

①　前払費用の意義

　企業会計原則注解五によると、「前払費用は、一定の契約に従い、継続して役務の提供を受ける場合、いまだ提供されていない役務に対し支払われた対価をいう。従って、このような役務に対する対価は、時間の経過とともに次期以降の費用となるものであるから、これを当期の損益計算から除去するとともに貸借対照表の資産の部に計上しなければならない。また、前払費用は、かかる役務提供契約以外の契約等による前払金とは区別しなければならない。」とあります。

　この前払費用の性質をまとめると、１．継続して受ける**等質等量の役務の提供の対価**であること、２．**実際に支払われたもの**であること、３．**いまだ提供されていない部分**であること、４．**時間の経過とともに次期以降の費用となる**こと、となります。

　この取扱いは、企業会計において収益と期間的対応関係にある費用について、きっちりと期間で対応させることを要請するために定められているものです。

②　重要性の原則との関係

　一方で、企業会計原則注解一では「企業会計は、定められた会計処理の方法に従って正確な計算を行うべきものであるが、企業会計が目的とするところは、企業の財務内容を明らかにし、企業の状況に関する利害関係者の判断を誤らせないようにすることにあるから、重要性の乏しいものについては、本来の厳密な会計処理によらないで他の簡便な方法によることも正規の簿

記の原則に従った処理として認められる」、その例示として、
「前払費用、未収収益、未払費用及び前受収益のうち、重要性
の乏しいものについては、経過勘定項目として処理しないこと
ができる」としています。

③ 短期前払費用の取扱い

　企業会計において、前払費用については収益との期間的対応
を図るため費用を当該期間が経過するまでは損益計算に入れな
いことを要請している一方で、重要性の乏しいものについては、
このような取扱いによらず、全額損益計算に入れる処理をする
こともできることとして、柔軟な対応を妨げないようにしてい
ます。

　これを受けて法人税においても短期前払費用の考えを取り入
れ、本来は期間が経過した分だけ損金の額に算入するべきとこ
ろ、前払い期間が短い一定のものについては、**継続適用を要件
として**支出した事業年度で全額損金にすることができることと
しています。

　よく実務で出てくる取引としては、リース代、地代家賃、保
険料、保守料、看板広告代などを年払いするといったようなも
のが挙げられます。

参 考　法人税基本通達 2 － 2 － 14

　2 － 2 － 14　前払費用（一定の契約に基づき継続的に役
　務の提供を受けるために支出した費用のうち当該事業
　年度終了の時においてまだ提供を受けていない役務に
　対応するものをいう。以下 2 － 2 － 14において同じ。）
　の額は、当該事業年度の損金の額に算入されないので
　あるが、法人が、前払費用の額でその支払った日から

１年以内に提供を受ける役務に係るものを支払った場
　　合において、その支払った額に相当する金額を継続し
　　てその支払った日の属する事業年度の損金の額に算入
　　しているときは、これを認める。
　（注）　例えば借入金を預金、有価証券等に運用する場
　　　　合のその借入金に係る支払利子のように、収益の
　　　　計上と対応させる必要があるものについては、後
　　　　段の取扱いの適用はないものとする。

④　短期前払費用として処理できないもの
　㈵　資産の譲渡の対価であるもの
　　　この取扱いは等質等量の<u>役務の対価</u>についてのものであ
　　るから、例えば雑誌の年間購読料や健康食品の定期購入代
　　金の年払いなどについては適用がない。
　　　ただし、雑誌の年間購読料であっても、電子書籍に係る
　　ものであれば等質等量の情報提供の対価に該当するため、
　　適用がある。
　㈺　未払いとなっているもの
　　　企業会計原則においても前払費用は「支払われた対価」
　　としており、未払いのものについてはこれに該当しないと
　　している。
　　　なお、支払手形で支払ったものについては期日が到来し
　　ていなくとも「支払われた対価」として取り扱われる。
　㈻　継続して受ける等質等量の役務の対価ではないもの
　　　例えば、来期に行う出張旅費を当期末までに支出してい
　　たとしても、それは継続して受ける等質等量の役務の対価
　　ではない。このような支出は単に**前渡金として処理すべき**

ものであるため、短期前払費用の適用はない。

㈡　支出した日から１年を超えて提供される役務の対価となるもの

これは客観的な数値によって判断することができるため、分かりやすいところだと思われる。この「１年」という部分については数日の誤差や、契約によって13か月間の役務提供（自動車保険などにみられる）となっているものについて弾力的に運用されている面がある。３月末日決算法人の家賃を例に取って説明すると以下の通り。

・３月末日に４月分の家賃を支払った場合⇒短期前払費用OK

・３月末日に４月～翌年３月分の家賃を支払った場合⇒短期前払費用OK

・２月末日に４月～翌年３月分の家賃を支払った場合⇒短期前払費用NG

・３月末日に４月～翌年９月分までの家賃を支払った場合⇒短期前払費用NG

㈢　益金と特に強い対応関係にあるもの

この取扱いは期間費用についてのものであるため、法人税基本通達２－２－14注意書きにあるように、益金と特に強い対応関係にあるものについては「重要性が乏しい」とはいえないため、適用がない。この部分については対応関係の強さや財務全体に及ぼす影響などを考慮して判断するため、注意が必要である。

これに該当する取引としては、物件を転貸している不動産事業者のその転貸に係る家賃や営業運送用トラックや船舶、航空機などのリース料などが挙げられる。

5 貸倒れの損金算入要件をクリアするために

① 金銭債権の貸倒れの取扱い

　金銭債権（売掛金や受取手形などといった売掛債権や貸付金などの債権）の貸倒れについては、法令で直接規定がある訳ではありません。

　「別段の定め」がないため、法人税法第22条第3項第三号に基づいて、損金の額に算入されることになるのですが、貸倒損失は多額に上るケースも少なくなく、また、損失の確定時期については恣意性が介入する余地が大きいため、損金算入時期について法人税基本通達において大きく次の②～④の3つの場合に分けて取り扱うこととされています。

② 法律上、金銭債権が消滅した場合の貸倒れ（法人税基本通達9－6－1）

　税法は他の法律との整合性をなるべく崩さないように配慮して制度化されていますから、他の法律において権利が消滅した場合には、それを損金として認めない訳にはいきません。

　そこで、法律上の権利が消滅した次の場合には損金経理を要件とすることなくその事実が発生した事業年度においてそれぞれに掲げる金額を損金の額に算入することとされています（確定決算で損金経理しなかった場合には、別表四で留保減算。いずれにしても、消費税については貸倒れ税額控除を行う）。

　(イ) 会社更生法等による**更生計画認可の決定**又は民事再生法による**再生計画認可の決定**があった場合…その決定によって切り捨てられることとなった部分の金額

　(※) 会社更生法等の適用を受けている法人に対して債権

を有する場合において、指定期日までに債権の届出を行わなかったため更生計画に係る更生債権とされなかったものについては、その金額を更正計画認可の決定のあった日において損金の額に算入することができる（法人税基本通達14－3－7）

- (ロ) 会社法の**特別清算に係る協定の認可の決定**があった場合…その決定によって切り捨てられることとなった部分の金額

- (ハ) **法令の規定による整理手続きによらない**次の関係者の協議決定があった場合…その決定によって切り捨てられることとなった部分の金額
  - ・債権者集会の協議決定で合理的な基準により債務者の負債整理を進めているもの
  - ・行政機関又は金融機関等のあっせんによる当事者間の協議により契約が締結されたもので合理的な基準により債務者の負債整理を進めているもの

- (ニ) 債務者の債務超過状態が相当期間継続し、その金銭債権の弁済を受けることができないと認められる場合において、その債務者に対し書面で債務免除を行った場合…その書面に記載された債務免除額

③ 事実上、金銭債権が回収不能となった場合の貸倒れ（法人税基本通達9－6－2）

その債務者の資産状況、支払能力等からみてその全額が回収できないことが明らかになった場合には、その明らかになった事業年度において貸倒れとして損金経理した場合には、その金額を損金の額に算入することとされています。ただし、担保物がある場合には、それを処分した後でなければなりません。ま

た、保証債務がある場合にはその履行後となります。

④　形式上、金銭債権が回収不能となった場合の貸倒れ（法人税基本通達9－6－3；**売掛債権のみ**）

債務者について次の事実が発生した場合には、その債務者に対して有する売掛債権について備忘価額（1円）を控除した残額を貸倒れとして損金経理した場合には、その金額を損金の額に算入することとされています。

　㈠　継続取引があった債務者との取引を停止した時（又は最後の弁済期、最後の弁済のうち最も遅い時）から1年以上経過した場合…債務者の資産状況や支払能力の悪化に伴い1年以上経過した場合を想定している

　㈡　同一地域の債務者について有する売掛債権の総額がその取立のために要する旅費などの費用の額に満たない場合において、支払を督促したにもかかわらず弁済がないとき

貸倒れの事実のまとめ

貸倒れの事実	通達番号	対象債権	損金経理の要否	損金算入額
・更生計画認可の決定	9－6－1	金銭債権	不要	決定により切り捨てられることとなった金額
・再生計画認可の決定				
・特別清算に係る協定認可の決定				
・法令の規定による整理手続きによらない関係者の協議決定				
・書面による債務免除				書面に記載された免除額
・事実上、回収不能となった場合	9－6－2		要	債権額全額
・継続取引の停止	9－6－3	売掛債権		備忘価額を控除した債権額
・取立費用に満たない債権				
・更生会社等に対する債権不届	14－3－7	金銭債権		届け出なかった債権の額

⑤　貸倒れの損金算入要件をクリアするために

(イ)　要件を満たせそうで満たせない貸倒れ

　　貸倒れの損金算入要件を見てきましたが、実務をやっている皆さんには結構、もやもやしたものが感じられたのではないでしょうか？

　　それもそのはず、この部分は通達によって運用されているため、例えば、「債務者の債務超過状態が相当期間継続し」などと言われても、**債務者が債務超過かどうかなんて、債権者側からは分からない**ことで、こんな文言があちこちに散りばめられているからです。また、表現もあいまいで、さじ加減一つでどっちにも転びそうな書き方がされている点も見逃せません。

　　通達は法令と違い、あくまで国税庁が下部組織である国税局や税務署に対して貸倒れはこのように取扱いなさい、としているものであり、それが我々に公開されているにすぎません。従って、彼らが職権でしか分かり得ないことや、調査官の裁量で判断すべし、というようなことが書かれていてもそれは当然のことなのです。なぜなら、**通達は我々納税者のためでなく、税務当局側にいる人々のためにある**のですから。

　　とはいえ、実務家である我々職業会計人はこのような状況下でこれに対処していかなければなりません。この損金算入要件をクリアできるためにすべきことを考えてみましょう。

(ロ)　損金算入のキーワード

　　これらの通達を見て分かることがあります。それは、「相当期間、債務の弁済をしてもらえるよう債権者が努力を続けてきたが、債務者の財務状態が思わしくないため、

やむを得ず、貸倒れとして処理をしたものについて損金算入を認めている」ということです。

　この「やむを得ず」というのがキーワードではないでしょうか？

　一般的な常識人の感覚であれば、「債権回収が難しくなった」「債権回収にかなり手数がかかり、面倒くさい、非効率だ」と感じた時点で貸倒れと考えるでしょう。

　確かに、債権者がこのように感じた時点で事実上、回収不能となっているケースも多いのですが、**ここには債権者の主観が少なからず入ってしまいます**。ひょっとすると、債務者は弁済可能な状態なのに、債権者の弱みを握っていて、わざと弁済しないのかもしれません。こういう場合にでも債権者は「債権回収が難しくなった」と感じるものです。

　こういった主観を全て認めていると、債権取立てが上手な人とそうでない人との間に課税の不公平が生じます。債務者と刺し違える覚悟で何度も足しげく通い、最後の一円まで回収した人は税負担が大きくなり、特に債権回収の努力をせず、放置しておいたものが面倒になったため「今さら、回収は無理でしょ」と何もしなかった人の税負担が少なくなるという現象が生じてしまいます。

　この通達の文言を見ていると、とても意地悪に思えるのですが、我々会計のプロは、この「やむを得ず」という部分を強く意識しておく必要があるでしょう。特に、債務者の財務状況などを直接知ることは通常、できませんから、**回収のためのアクションや債務者の状況把握にある程度時間がかかるものだということ**を心得ておきましょう。いやしくも、当期まとまった利益が出たから、どうせ回収でき

ないこの債権を貸倒れに…などと考えてはいけません。

(ハ) 後から事実を証明できるようにしておくために

　貸倒損失は税務調査時に問題とされやすいため、後から貸倒れの事実を証明できるようにしておかないと、貸倒れを否認される可能性が高いです。貸倒れを否認されると、債務者に対する寄附金となり、損金不算入部分（永久差異）が生じるとともに、消費税においても税額控除ができなくなってしまいます。

　そうならないために、書類の保存は必須となるのですが、債権の存在が確認できる「納品書、請求書、振替伝票及び総勘定元帳」の他に、場合に応じてそれぞれ次の書類を準備しておかなければならないでしょう。

・更生計画認可の決定、民事再生法による再生計画認可の決定、特別清算に係る協定の認可の決定、法令の規定による整理手続きによらない関係者の協議決定、又は更生会社等の債権届出をしなかったことにより貸倒れ処理する場合

　「債権者集会等の招集通知」「債権届出など、協議のために提出した書類の控え」「これらの決定事項を記載した書類」

・その債務者に対し書面で債務免除を行ったことにより貸倒れ処理する場合

　「債権発生の事由、回収状況、回収のために行ったアクション、相手方の事情を記載した報告書など」「内容証明郵便又は公正証書による債務免除通知の控え」

・その債務者の資産状況、支払能力等からみてその全額が回収できないことが明らかになったことにより貸倒れ処理する場合

「債権発生の事由、回収状況、回収のために行ったア
　　クション、相手方の事情を記載した報告書など」…特に
　　債権者の借入状況や他の債務の弁済状況、不動産の所有
　　状況などが分かれば、それらの点についての記載があれ
　　ばベター
・継続取引があった債務者との取引を停止したことにより
　貸倒れ処理する場合
　　「取引基本契約書や過去の請求書、得意先元帳などで
　　継続取引があったことを証明できる書類」「債権発生の
　　事由、回収状況、回収のために行ったアクション、相手
　　方の事情を記載した報告書など」
・同一地域の債務者について有する売掛債権の総額がその
　取立のために要する旅費などの費用の額に満たないこと
　により貸倒れ処理する場合
　　「債権発生の事由、回収状況、回収のために行ったア
　　クション、相手方の事情を記載した報告書など」「旅費
　　などの取立てに要する費用の見積もり額が同一地域の債
　　務者について有する売掛債権の総額を超えることを記載
　　した書類」

6　修繕費と資本的支出

① 修繕費と資本的支出の分かりづらいところ

　既存の固定資産について従来通り使用することができなくなったなどといった理由から修繕を加えることはしばしばあります。この修繕に要した費用については原則損金算入なのですが、それにより新しい機能が加わったり、性能が著しくアップしたりすると、その部分については新品を購入等した場合との公平性が保てなくなりますから、資本的支出として通常通り減価償却することとされています。

　しかし、この修繕費と資本的支出の区分はあいまいな場合が多く、まさにグレーゾーンの巣窟といっても過言でないと思います。このような性質を持つ修繕費と資本的支出の区別について、法人税基本通達では次のように解説しています。

　(イ)　一の修理・改良等の支出額が**20万円未満**であれば全体が資本的支出となるものであっても全額損金

　(ロ)　一の修理・改良等の支出額が20万円以上であっても**周期の短い（おおむね３年以内）費用**であれば全額損金

　(ハ)　一の修理・改良等の中に**資本的支出の部分と修繕費の部分が混在する場合**には、いずれに該当するか不明な部分が**60万円未満又は前期末における当該資産の取得価額の10%以下**であればその不明部分は全額損金

　(ニ)　その不明な部分について継続して**支出額の30％と前期末における当該資産の取得価額の10%のいずれか少ない金額**（※）を修繕費としている場合にはその修繕費の額は全額損金

　（※）　10%基準は、「原始取得価額＋前期末までに支出し

た資本的支出の額」で判定し、帳簿価額（未償却残高）は関係ない

㈱　**災害の場合**には上記の他、被災資産について支出した金額の中に資本的支出の部分と修繕費の部分が混在する場合には、いずれに該当するか**不明な部分の金額の30%**を修繕費としている場合にはその修繕費の額は全額損金

上記㈪と㈲は修繕費の部分が全くなく、全体が資本的支出の場合であっても適用されます。また、㈺と㈮と㈱は修繕費部分と資本的支出の部分とが混在する場合のみ適用可能となります。

資本的支出と修繕費の区分等の基準（フローチャート）

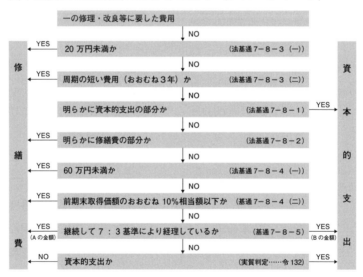

Aの金額 ＝ 支出金額 × 30% と前期末取得価額 × 10% との少ない金額
Bの金額 ＝ 支出金額 － A

参考　**資本的支出をした部分の減価償却方法**

資本的支出をした部分については、その支出・事業供

用した事業年度から減価償却をしていくことになります。

1．原則

　　その資本的支出を行った減価償却資産と種類及び耐用年数を同じくする減価償却資産を新たに取得したものとして（**新規資産を取得したものとして**）その資本的支出を固有の取得価額として減価償却を行う。

2．2007年3月31日以前に取得した資産について資本的支出を行った場合

　　2007年4月1日以後取得資産の減価償却については現行の定額法及び250％定率法が採用されている。

　　これを受けて、同日前に取得した資産について同日以後、資本的支出をした場合の取扱いについては、その資本的支出を行った減価償却資産の取得価額に、その資本的支出を加算（合算）して減価償却を行うことができることとされた。つまり、このような資本的支出の部分については、原則（新定額法又は250％定率法）に加え、納税者の選択により、資本的支出の対象となった資産と同じ減価償却方法（旧定額法又は旧定率法）を採用してもよいということになる。

〈設例〉　3月決算法人

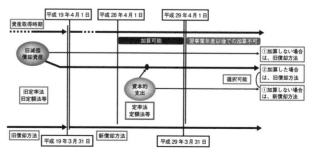

3．定率法を採用している資産について資本的支出を
行った場合

2012年4月1日以後取得資産の減価償却については
250%定率法に替えて200％定率法が採用されている
（定額法は変更なし）。

これに伴い、同日前に取得した資産について同日以
後、資本的支出をした場合の取扱いについては、原則
通り、その資本的支出を固有の取得価額として減価償
却を行うこととされた（資本的支出部分について
250%定率法を適用することはできない）。

〈設例〉 3月決算法人

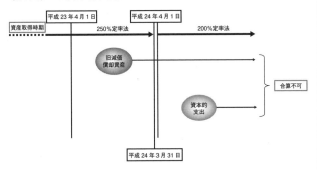

② 修繕費と資本的支出をこう押さえる

(イ) 修繕費と資本的支出の問題の本質

修繕費か資本的支出かを判断する前に、是非、押さえておきたいことがあります。それは、修繕費としても資本的支出としても費用配分の話であって、耐用年数に渡って損金の額に算入される金額の合計額はいずれも変わらないということです。つまり、修繕費とするか資本的支出とするかは**一時の損金とするか、耐用年数に渡って費用配分するかを決めること**、と言い換えることができるでしょう。

(ロ) 耐用年数はどうやって決められている？

さて、この税法上の耐用年数はどのようにして決められているのでしょうか？

現在の耐用年数は、元をたどれば1951年に当時の大蔵省主税局が制定した「固定資産の耐用年数の算定方式」に行き当たるようです。ここには、「固定資産の耐用年数は、原則として**通常考えられる維持補修を加える場合**において、その固定資産本来の用途用法により現に通常予定される効果を挙げることができる年数、即ち、通常の効用持続年数による」と記されています。

ここから読み取るに、税務当局は固定資産の取得価額の費用配分について、通常考えられる維持補修を加えながらも、その機能を発揮し続けることができる年数を見積もって、固定資産本体についてはその年数にわたって各事業年度に費用を配分し、通常の維持補修部分はその事業年度の損金とする、ということを予定していたことになります。つまり、修理・改良等の金額のうち、この**「通常の維持補修部分」が修繕費**で、それ以外の本体を構成する部分が資本的支出という訳です。

(ハ) 判断のキーワード

　このことを踏まえた上で、修繕費と資本的支出を通達ではどのように例示しているかをキーワードで見てみることにします。

・修繕費…「移築や移設」「**現状回復**」「短い周期」
・資本的支出…「**物理的付加**」「用途変更」「**品質・性能が高いものへの取り換え**」「新品を取得したのと同様」

③　具体的な事例
(イ)　移築や移設
・建物の移築や機械などの移設自体は<u>固定資産の価値を高めないので</u>、基本的に**修繕費**
・集中生産のための機械の移設費用は効率を上げる、という価値を生み出す移設となるので**資本的支出**

(ロ)　原状回復
・新品の状態からある程度古い状態になって、それを元に戻すことは<u>固定資産の価値を高めないので</u>、基本的に**修繕費**
・建物の**塗装費用**は定期的に発生するものであれば、特に品質や見栄えなどがいいものでない限り**修繕費**
・ビル外壁のひび割れ改修費用は**修繕費**
・家屋の棄損部分や棄損した瓦、畳、ガラス戸、ふすまなどの取り換えは**修繕費**
・水害により棄損した擁壁などの復旧費用は**修繕費**
・老朽化した排水管の取り換えは特に品質がいいものでない限りは**修繕費**
・エレベーター用ドア部品の取り換えは<u>反復性があるため</u>**修繕費**

・補償金により改良等した費用は、低下した価値について元に戻すよう補償金が出ている訳だから、<u>その目的に沿った使途に供している限りは</u>**修繕費**

(ハ) 短い周期

・短い周期で発生するものについては、<u>耐用年数の算定において織り込まれているため</u>、基本的に**修繕費**

・カーナビのバージョンアップ費用は新たな機能の追加ではなく、通常の維持補修部分と考えられるため**修繕費**

(ニ) 品質・性質が高いものへの取り換え

・品質や性質が高いものへの取り換えは、そのレベルの品質性質の新品を購入したのと同様であり、<u>耐用年数の算定に織り込まれていないので</u>、基本的に**資本的支出**

・ビル外壁のひび割れ防止・見栄えのためのタイル張りは**資本的支出**

・ガラス飛散防止フィルムの取付費用は**資本的支出**

・社内LANの増設費用は**資本的支出**

(ホ) 新品を取得したのと同様

・家屋の塗装で、以前とは材質が明らかに異なる（長持ちする）塗料を用いて行われるものは**資本的支出**

・災害によって消失した固定資産を新しいものに買い替えるというような復旧費用は**資本的支出or資産の購入**

・機械の移設に伴い設置した配電設備は**資本的支出**

・エレベーター用モーターの取り換えは建物の柱同様、エレベーターそのもののといえるため、<u>耐用年数の更新ということで</u>**資本的支出**（エレベーター用フレームの取り換えも同様）

④　まとめ

　以上をまとめると、１．単なる移動にかかる費用は修繕費、
２．老朽化や破損などを経て従来の機能を維持するための費用
は修繕費、３．本体の機能を維持するために短い周期で、又は
定期的に行われる改修費用は修繕費、４．従来より価値が高い
ものを取り付けるような改良は新たにその部分の減価償却が始
まると考えられるため資本的支出、５．寿命がきたものに手を
加えたり、従来の耐用年数より明らかに長くもたせるための改
良を加えたりするのも新たにその部分の減価償却が始まると考
えられるため資本的支出、ということになります。

7 生命保険料の処理が複雑で分からない！

　生命保険料の処理は一見、大変複雑で分かりにくいもののように思えます。損害保険と違い、生命保険は保険期間が長いのが一般的で、保険料の最初の処理を誤ってしまうとずっと間違ったまま決算が組まれることになり、間違いだと分かったときには適正処理額との差額が多額に上るという事態に陥ることにもなりかねません。

　新たに加入した生命保険があった場合には**生命保険会社に保険料の処理の仕方を確認すれば、このようなことを避けることができる**のですが、生命保険商品の（節税商品としての）開発と税の取扱いはいたちごっこの様相を呈しており、大幅な改正が入ることもあります。ですから、新たに加入した生命保険が以前のものと同じような内容だからということで同じ処理をすると間違ってしまう可能性もあるのです。

　また、同じような時期に2本の生命保険契約に新たに加入した場合、保険料の処理をもう一方の処理方法と勘違いしてしまう可能性もあります。いずれにせよ、恐ろしいことです。

　このような事態を避けるための唯一の方法は、生命保険料の処理を理解し、間違った処理をしそうになったときに「これ、ちょっとおかしいな」と勘が働くようにしておくことです。

　しかし、困ったことに、生命保険料の処理を理解しようと書籍やネット記事を漁るように読んでみても何が書かれているのか分からない、といった現象が起こります（私も税理士になりたての頃はそうでした）。

　ここでは、生命保険の仕組みを基礎から押さえ、生命保険料の処理の大枠が理解できるようにしていきます。

① 生命保険契約の基礎知識

　㈠　生命保険契約に登場する人物・立場を理解する

　　・**契約者**…生命保険契約を締結し、契約に関して決定権を持つ人。保険料の支払い義務を負う。法人可。

　　・**被保険者**…生命保険契約の対象とされている人。この人について保険事故が起きると請求により保険金受取人に対して保険金が支払われる。法人は被保険者になれない。

　　・**保険金受取人**…被保険者について保険事故が起きた場合、保険金を受け取る権利のある人。法人可。

　　（※）　これらは全て別の人でなければならないということはありません。契約者＝保険金受取人という契約は、特に法人契約においてはよくあることです。ただし、死亡保険については被保険者＝保険金受取人という契約はできません（死亡した人は保険金を受け取ることができないため）。

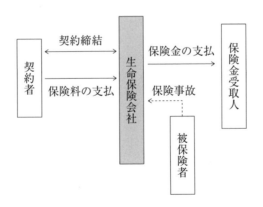

　㈡　被保険者がどうなったら保険金が出るのか、で分類する

　　・被保険者が死亡したら保険金が出るもの…**死亡保険**

　　・被保険者が満期日まで生きていたら保険金が出るもの…

生存保険（純粋な生存保険はまれで、死亡保険と組み合わされている；個人年金保険が代表例）

・被保険者が満期日まで生きていたら保険金が出るが、その日までに死亡しても保険金が出るもの…**生死混合保険**（特に、死亡保険金と満期保険金が同額になっているものを養老保険という）

・被保険者が入院したり、がん治療を開始したりした場合に給付金（保険金とは呼ばない）が出るもの…**入院保険・がん保険**（これらをまとめて第三分野と呼ぶ）

(ハ) 保険期間の有無によって分類する

・保険期間内だけ保障があるもの…**定期保険**（死亡保険の場合、掛け捨て保険となる）

・生涯にわたって保障があるもの…**終身保険**

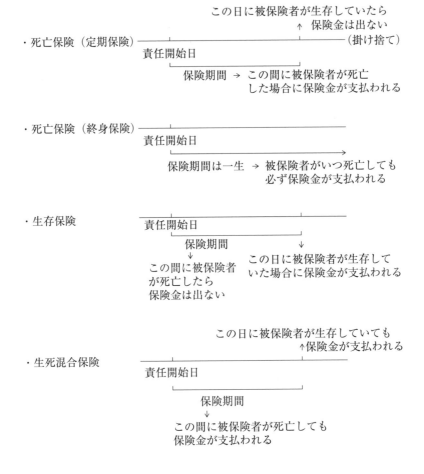

　(二)　保険料の払込期間によって分類する

　　・**全期払い**…払込期間を保険期間と同一とするもの⇒ほとんどの契約はこれであるが、特に終身保険については「終身払い」という

　　・**短期払い**…払込期間を保険期間より短くするもの（例：65歳払い込み満了など）

　　・**一時払い**…保険保険期間全体分の保険料を契約時にまとめて払い込むもの

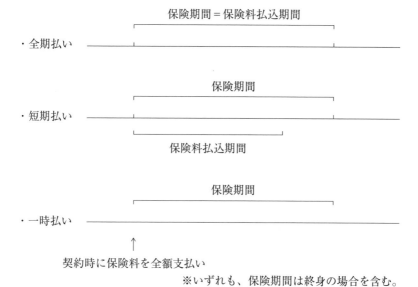

・全期払い　保険期間＝保険料払込期間

・短期払い　保険期間　保険料払込期間

・一時払い　保険期間

↑

契約時に保険料を全額支払い

※いずれも、保険期間は終身の場合を含む。

㈭　主契約と特約

・主契約…その生命保険契約の中心となる部分

・特約…主契約に任意に付加する特別な約束の部分。特約だけで契約することはできないので、主契約が満了すると特約も終了する

（※）　特約が付加されている生命保険契約については、主契約とその特約ごとに保険料が設定されているため、**それぞれについて処理を検討する**ことになる。「無配当一時払外貨建生存給付金付特殊養老保険」とか「定期支払金付き積立利率変動型終身保険」などといった長い名前の契約もあるが、**必ず主契約は一つで、あとはいろんな特約が付いているに過ぎない。**

長期平準定期保険の例

証券番号	00000000
証券作成地 作成日	東京都 2016 年 6 月 30 日

無配当低解約払戻定期保険

保険契約者
有限会社 ART レゾリューション

被保険者
坂野上　満　様
S47.2.29 日生　男性　契約年齢 44 歳（満年齢方式）

受取人等
保険金受取人
　保険契約者　様
特約給付金受取人
　保険契約者　様

保険料内訳	
毎回払込保険料合計額	45,932 円
うち主契約保険料	41,140 円
うち特約保険料	4,792 円

契約日（始期）	主契約保険料払込期間	保険料払込回数
2016 年 7 月 1 日（平成 28 年）	10 年間	年 12 回
	保険料払込期月	保険料払込方法
	毎月 1 日から末日まで	保険料口座振替特約

主契約・特約欄

主契約・特約名	保険金額・年金額・給付金額	保険期間
1 主契約	30,000,000 円	54 年間 98 歳まで
2 入院一時金特約	入院一時金給付金額　40,000 円	10 年間 54 歳まで
3 成人病入院特約　　180 日型	成人病入院給付日額　4,000 円	10 年間 54 歳まで
4 がん入院特約	がん入院給付日額　5,000 円	10 年間 54 歳まで
5 抗がん剤治療特約	抗がん剤治療給付金額　100,000 円	10 年間 54 歳まで
6 先進医療特約	先進医療給付金額（注 1）	10 年間 54 歳まで

○○歳までの記載は、その年齢となる年単位の契約応当日の前日までを示します

(注 1) 先進医療給付金額は、先進医療にかかわる技術料と同額（1 万円未満の場合は 1 万円）とします。（1 回の療養・通算ともに 2,000 万円を限度とします。）

その他特約・その他契約内容欄

○主契約および特約の給付内容・保険内容については「契約内容のご説明」をご覧ください。
○指定代理請求特約
○保険料払込免除特約
（「契約内容のご説明」もあわせてご覧ください。）
○保険契約の更新の取扱い
・保険期間満了日の 2 か月前までに更新しない旨のお申し出がない場合、保険契約の更新の取扱いをいたします。（最長 2049 年 6 月 30 日まで）
・保険契約が更新された場合には、本生命保険証券をもって更新後の証券とし、証券の再発行、書換または本証券への表示はいたしません。
・その他、主契約・特約の更新等の詳細については、「ご契約のしおり・（定款・）約款」をご覧ください。
・保険契約が更新された場合の保険料は、更新日において新たに計算します。通常、更新後の保険料は、更新前の保険料より高くなります。
○配当金支払方法　積立
○主契約の保険料計算利率（予定利率）　年 1.25% です。
詳細は裏面「表示欄」をご参照ください。
ご契約内容の詳細は「ご契約のしおり・（定款・）約款」をご覧ください。

＊当欄の記載事項はございません＊

108

　法人には関係ありませんが、頭のトレーニングとして学資保険の仕組みについて考えてみたいと思います。

　学資保険は、契約者と保険金受取人を親、被保険者を子供とするのが一般的です。契約内容も様々ですが、子供の6歳時、12歳時、15歳時、18歳時などに一時金（お祝い金）が支払われるというものです。18歳時に満期とすることが多いと思います。

　また、満期を迎えるまでに被保険者である子供が死亡した場合には死亡保険金が支払われ、契約者である親が死亡した場合には以後の保険料は免除されます。

　さて、この学資保険を分解してみましょう。

1．子供の18歳時などに一時金を受け取ることができるという部分
2．子供が保険期間中に死亡した場合に保険金を受け取ることができるという部分
3．契約者である親が死亡した場合に、以後、保険料が免除されるという部分

以上の3つに分解することができると思います。

　1．の部分は契約者＝保険金受取人＝親、被保険者＝子供の**生存保険**です。

　2．の部分は契約者＝保険金受取人＝親、被保険者＝子供の**死亡保険**です。

　3．の部分は契約者＝被保険者＝親、保険金受取人＝生命保険会社（以後の保険料に充てる）の**死亡保険**です。

こうしてみてみると、学資保険は**一種の生死混合保険**（生きていても死亡しても一定額が出る）だということが分かります。これら３つの保険料は契約者や被保険者の年齢、保険金額などによって**それぞれ計算され**、それらの合計額がまとめて１本となって通帳から引き落とされていることになるのです。

② 　保険料の性質

・保険事故が起こる可能性が高いと保険料も高くなる

・保険事故が起きる前に支払わなければならない

・そのため、保険料は概算で少し高めに設定されており、保険金や経費の予定額・予定運用益と年度ごとに集計されるそれらの実額との差額が保険配当金として契約者に支払われる⇒保険配当金（保険料の戻し）

③ 　保険料の取扱い

　　保険料の取扱いを一言でいうと、**損金になる（単純損金or給与）か、損金にならない（資産計上）か**、ただそれだけです。これを何によって区分しているのかというと、「契約者・保険金受取人が誰になっているのか」「終身・定期・養老保険の別」「全期払いか短期払いか」という３つの要素によって行われています。

④ 　保険料の考え方の原則１～契約者・保険金受取人が誰になっているのか

　　㈠ **契約者が役員や従業員になっている契約の保険料を法人が負担すると保険料はその契約者に対する給与**⇒本来、保

110

険料の負担義務は契約者にあるので、それを法人が支払うと給与となり、役員のものについては損金算入に制限がある場合があり、従業員のものは損金算入。いずれにせよ、源泉徴収の対象となる

㈣　**契約者が法人で保険金受取人が役員や従業員の遺族**となっている契約の保険料は原則として期間の経過分は**単純損金**（特定の人だけについてこのような契約をする一定の場合にはその役員や従業員に対する給与）

㈥　**契約者が法人である養老保険**の保険料の取扱いについては死亡保険金と満期保険金の受取人が誰かによって次のようなる

　　・**死亡保険金受取人＝満期保険金受取人＝法人**の場合には保険金の支払い時まで**資産計上⇒必ず保険金が出るので、保険料は生命保険会社に対する預金と考える**

　　・**死亡保険金受取人＝満期保険金受取人＝役員や従業員の遺族**の場合には保険料はその役員や従業員に対する**給与**

　　・**死亡保険金受取人＝役員や従業員の遺族、かつ、満期保険金受取人＝法人**の場合には保険料の**2分の1を単純損金、残りの2分の1を資産計上**（いわゆる**ハーフタックス福利厚生プラン**；普遍的加入（※）を行っていない場合にはその役員や従業員に対する給与）⇒あくまで福利厚生の一環として単純損金を一部認めているため、普遍的加入を求めている

　　（※）　普遍的加入…法人の役員や従業員全員が加入すること。保険金額に多少の差はあってもよいが、勤続年数や会社内での地位などから明らかに不相応なものがあればこれに該当しない（福利厚生の趣旨に反する）。

以下、**契約者＝保険金受取人＝法人**となっているもののみ取り扱うこととします。

⑤　保険料の考え方の原則２〜終身・定期・養老保険の別

　　㈤　**終身保険の保険料は全額資産計上**⇒人間、いつかは死亡するため、**必ず保険金が出るので、保険料は生命保険会社に対する預金**と考える

　　㈭　**定期保険の保険料は原則として単純損金**⇒**掛け捨て保険**なので、保険事故がないまま保険期間が満了したら何も出ないため

　　㈤　定期保険（掛け捨て保険）であっても**長期平準定期保険**や**逓増定期保険**などの保険料は契約から一定期間、保険料の**単純損金算入に制限がかかる**⇒これら契約から一定期間は**保険料の前払い部分**（つまり、解約返戻金）が存在しており、この部分は**生命保険会社に対する預金**と考える

　参　考　**長期平準定期保険や逓増定期保険には何故解約返戻金が存在するのか？**

　　長期平準定期保険も逓増定期保険も名前に定期保険（掛け捨て保険）の文字が入っていますから、解約返戻金はないのではないかと思われがちですが、実は、前払い保険料の部分を作ることによって一定期間は解約返戻金がある保険となっています。これは、次のようなロジックによって生じるのです。

（長期平準定期保険の解約返戻金ロジック）

　　１．保険料の基本的な性質として、保険事故の可能性が高ければ保険料は高くなるというものが

あります。

2．したがって、同一の契約内容であっても、被保険者の加齢に伴い保険料は高くなります。

3．**保険期間を例えば被保険者年齢100歳までなど
と、長いものとしておき、かつ、その保険期間
の保険料は一定**という商品を作ったとします。

4．すると、加入当初の若い年齢の期間における
保険料は**割高**に設定されることになります。

5．この契約の保険料のうち、若い年齢の期間に
おける割高の部分は**前払費用**にほかなりません
から、被保険者の年齢が高くなり、この割高の
部分の保険料がなくなる（年齢相応の保険料が
実際の保険料に追いつく）時点まではこの前払
い部分が積み上げられていくことになります。

6．この積み上げ部分は生命保険会社に対する預
金と同じなので、この割高の部分の保険料がな
くなる時点までに解約すればこの部分のうち一
定額が戻ってきます（解約返戻金）。

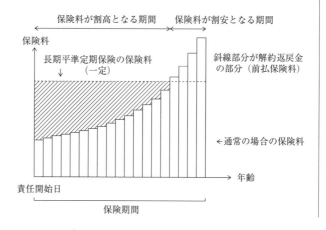

（逓増定期保険の解約返戻金ロジック）

1．保険料の基本的な性質として、保険事故の可能性が高ければ保険料は高くなるというものがあります。

2．したがって、同一の契約内容であっても、被保険者の加齢に伴い保険料は高くなります。

3．この保険料の性質を利用して、**年齢が高くなるほど保険金額も高くなり**、かつ、その保険期間の保険料は一定という商品を作ったとします。

4．すると、ただでさえ年齢が高くなることに伴って保険料が高くなっていくのに保険金額まで大きくなる（逓増）訳ですから、保険料はさらに急カーブを描いて上昇することになります。

5．このような保障内容なのに保険料が一定となると、加入当初の保険料はかなり割高となります。

6．この割高な部分は前払費用にほかなりませんから、被保険者の年齢が高くなり、この割高の部分の保険料がなくなる（年齢相応の保険料が実際の保険料に追いつく）時点まではこの前払い部分が積み上げられていくことになります。

7．この積み上げ部分は生命保険会社に対する預金と同じなので、この割高の部分の保険料がなくなる時点までに解約すればこの部分のうち一定額が戻ってきます（解約返戻金）。

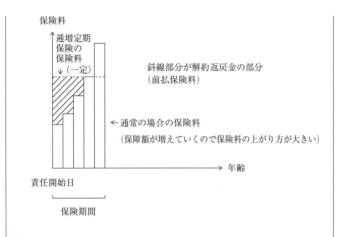

保険料

逓増定期
保険の
保険料
↓（一定）

斜線部分が解約返戻金の部分
（前払保険料）

←通常の場合の保険料

（保障額が増えていくので保険料の上がり方が大きい）

→ 年齢

責任開始日

保険期間

　いずれも保険期間を通じて保険料を一定とすることにより、加入当初の保険料について割高の部分を作り出し、これを解約返戻金の原資としていることが分かります。

⑥　保険料の考え方の原則３〜全期払いか短期払いか

　㋑　全期払いの場合にはこれまでの説明通りの処理を行う

　㋺　定期保険など単純損金の部分があるものについて**短期払いを行う場合には期間経過分のみが単純損金**、未経過の部分は前払い保険料となる

⑦　保険配当金と保険利息の処理

　保険配当金は保険料が少し高めに設定されている契約について、保険金や経費の予定額・予定運用益と年度ごとに集計されるそれらの実額との差額が契約者に支払われるもので、いわば、**保険料の戻し金**です。

　これについては、雑収入（消費税は課税対象外）又は支払保険料のマイナスで処理を行いますが、実際の支払いはなく、生

命保険会社に契約終了時までストックする場合があります。この場合には借方に保険積立金などの資産勘定を立てます。

　契約によっては、5年ごと利差配当（運用益が予定額より大きい場合に出る）などのように5年ごとに保険配当があるものもありますし、無配当のものもあります。無配当のものは、当初支払う保険料があまり高く設定されておらず、お手頃なものとなっている代わりに配当がないというものです。

　保険利息は生命保険会社にストックされている保険配当金について付される利息で、雑収入（消費税は非課税）で処理を行います。この利息も生命保険会社にストックされるものがほとんどですから、これについても借方に保険積立金などの資産勘定を立てます。

❽ 法人事業税及び特別法人事業税は何故損金算入なのか？

　法人税の課税所得を計算するにあたって法人税、地方法人税、法人都道府県民税及び法人市町村民税（以下、「法人税など」と呼ぶことにします）については損金不算入とされています。一方で、法人税と課税標準を同じくする法人事業税及び特別法人事業税（以下、「法人事業税など」と呼ぶことにします）については損金算入とされています。これは何故でしょうか？

　① 法人税など及び法人事業税などの取扱いを法人税法で確認する

【法人税法第22条第3項第二号】

第二十二条

3　内国法人の各事業年度の所得の金額の計算上当該事業年度の**損金の額**に算入すべき金額は、別段の定めがあるものを除き、次に掲げる額とする。

二　前号に掲げるもののほか、当該事業年度の<u>販売費、一般管理費その他の費用</u>（償却費以外の費用で当該事業年度終了の日までに債務の確定しないものを除く。）<u>の額</u>

【法人税法第38条第1項及び第2項】…別段の定め

第三十八条　内国法人が納付する**法人税**（延滞税、過少申告加算税、無申告加算税及び重加算税を除く。以下この項において同じ。）の額**及び地方法人税**（延滞税、過少申告加算税、無申告加算税及び重加算税を除く。

以下この項において同じ。）の額は、第一号から第三号までに掲げる法人税の額及び第四号から第六号までに掲げる地方法人税の額を除き、その内国法人の各事業年度の所得の金額の計算上、損金の額に算入しない。

　一　退職年金等積立金に対する法人税

　二　（略）

　三　第七十五条第七項（確定申告書の提出期限の延長）（第七十五条の二第八項若しくは第十項（確定申告書の提出期限の延長の特例）、第八十一条の二十三第二項（連結確定申告書の提出期限の延長）又は第八十一条の二十四第三項若しくは第六項（連結確定申告書の提出期限の延長の特例）において準用する場合を含む。）の規定による利子税

　四～六　（略）

2　内国法人が納付する次に掲げるものの額は、その内国法人の各事業年度の所得の金額の計算上、損金の額に算入しない。

　一　（略）

　二　地方税法の規定による**道府県民税及び市町村民税**（都民税を含むものとし、退職年金等積立金に対する法人税に係るものを除く。）

【参考：法人税基本通達９－５－１】

（租税の損金算入の時期）

９－５－１　法人が納付すべき国税及び地方税（法人の各事業年度の所得の金額の計算上損金の額に算入されないものを除く。）については、次に掲げる区分に応じ、それぞれ次に定める事業年度の損金の額に算入する。

(1) 申告納税方式による租税 納税申告書に記載され
た税額については当該納税申告書が提出された日
（その年分の地価税に係る納税申告書が地価税法第
25条《申告》に規定する申告期間の開始の日前に提
出された場合には、当該納税申告書に記載された税
額については当該申告期間の開始の日）の属する事
業年度とし、更正又は決定に係る税額については当
該更正又は決定があった日の属する事業年度とする。

(以下略)

(イ) 損金算入の原則

損金算入の原則は法人税法第22条第3項第二号です。こ
こには「当該事業年度の販売費、一般管理費その他の費用
の額」とありますから、原則通りであれば損金となります。
法人事業税などが本当に販売費・一般管理費その他の費用
に該当するのかな、と疑問に思われる方もいらっしゃると
思いますが、それは下記③にて法人事業税などの性質が明
らかになりますので、今は「該当する」と思っていて下さ
い。

さて、原則は損金算入となっているけれども、別段の定
めがあればそちらが優先しますので、別段の定めを確認す
ることになります。

(ロ) 別段の定めはないか？

租税公課の別段の定めは法人税法第38条に規定されてい
ます。ここで列挙したものは（原則の第22条第3項にかか
わらず）損金の額に算入しない旨、規定されています。す
なわち、損金の額に算入しない租税公課が限定列挙の形で

規定されているので、ここに記載があるものについては損金不算入、ここに記載がなければ原則通り損金算入ということになります。

　ここには法人税などが記載されていますから、これらは損金不算入ですが、**法人事業税などについては記載がありませんから、原則通り損金算入**ということが分かります。

(ハ)　損金算入の時期はいつ？

　法人事業税などについて損金算入ということになれば、認識すべき時期を定めておく必要があります。これについては法人税法第22条第3項第二号カッコ書きで「償却費以外の費用で当該事業年度終了の日までに債務の確定しないものを除く」とされているため、これらの税目の債務確定時に損金となることが分かります。

　つまり、法人事業税などの債務確定は申告書の提出の時となりますから、通常は対象事業年度の翌事業年度ということになるでしょう。法人税基本通達9－5－1(1)で指示する取扱いの理由はここにあるのです。

②　法人税などが損金不算入とされる理由

　これらの税目の性質を一言で表すと、「**もうけの一部を国や地方自治体に納めるもの**」といえるでしょう。つまり、応能負担の考え方による租税ということになりますが、このことを損益計算書のひな型で考えてみます。ただし、分かりやすくするために次の3つの前提があるものとします。

1．納税充当金の損金不算入との混同を避けるため、納税充当金は設定しないこととし、当期に納付したものだけを損益計算書に記載する

2．当期に納めた法人税などは「法人税等」として、法人事業

税などは「租税公課」としてそれぞれ表示する

3. 法人税などに係るもの以外の税務調整はないものとする
（その結果、税引前当期純利益と所得金額は同額となる）

これらの前提によると、**法人税額は税引前当期純利益に税率を掛けたもの**となります。しかし、法人税などを損金算入できるとしたならば、税引き後の「当期純利益」に税率を掛けることになり、何か変ですよね。

実際には「税引前当期純利益」に税率を掛けたい訳ですから、税引き後の「当期純利益」から課税標準を計算する場合、これらの税額を加算し、税引前当期純利益に戻してやる必要があります。これが法人税などを損金不算入として取り扱う理由です。

販売費及び一般管理費
　　⋮
租税公課　　　1,000　（うち法人事業税などの前期確定分納付額　150）
　　⋮

―――――――――――――
税引前当期純利益　　20,000　　――→　①　この金額に税率を適用すべき

法人税等　　　　　　　550　（法人税などの前期確定分納付額）

―――――――――――――
当期純利益　　　　　19,450　　――→　②　しかし、別表四ではこの金額から税務調整が始まるため、法人税等の550を加算して20,000にしないといけない。

　　　　　　　　　　　　　　　　　　∴法人税等の550は損金不算入

③　法人事業税などが損金算入とされる理由

法人事業税は法人の事業所等がある都道府県が課することとされている都道府県税です。特別法人事業税は同じ都道府県税である**地方消費税の税率の引き上げに伴い**全国47都道府県の**財政格差が大きくなる**ため、法人事業税の一部を国税として国に一旦納め、その格差を拡大させないために配分を行うという趣

旨で設けられたもので、国税ではありますが、申告納付は都道府県に対して行われています（法人都道府県民税及び法人市町村民税法人税割の一部を国税として吸い上げ配分し直す「地方法人税」という国税と趣旨は同様です）。

　以下、都道府県税である法人事業税のみを取り上げて説明します。

　法人事業税の課税趣旨は、法人が事業を行うことによって、都道府県から受ける行政サービスの対価と言われています。この行政サービスの対価をどのように計算するのかというと非常に難しいため、法人税の申告において計算される法人税の所得金額を使おう、ということになったのです。こうすることによって納税者、課税側ともに課税標準算定の手間が省けることになり、課税の簡便化が図られました。

　つまり、法人事業税は応益課税的な考え方から出てきた租税であり、**その性質は事業を行っていることについて都道府県から受ける行政サービスの対価**、ということになります。これは「事業をやっていなかったとしたならば、なかったであろう支出」ですから、事業用不動産や償却資産に係る固定資産税（これは事業を行っていることについて市町村から受ける行政サービスの対価と考えられる）同様、「当該事業年度の販売費、一般管理費その他の費用」に該当し、別段の定めがないので法人税法第22条第3項第二号により損金算入とされているのです。

　なお、法人事業税の資本割は法人都道府県民税や法人市町村民税の均等割と性質がほぼ同じですが、いずれも金額が僅少なものにとどまることを理由に、税目によって損金算入・損金不算入の取扱いを区分することとされています。

9 税込経理と税抜経理

　収益や費用、資産に係る消費税の経理方式については税込経理と
税抜経理の2通りがあります。**免税事業者については税込経理しか
認められていないため**、選択の余地がありませんが、**消費税の課税
事業者についてはこの2通りのうちいずれかの選択適用**が認められ
ています。

① 　税込経理・税抜経理はどの税目に関する事項なのか？

　　　税込経理・税抜経理は収益、費用、資産に係る消費税を含め
　　る形で損益計算書や貸借対照表に記載するか、含めない形で記
　　載するかの選択となります。つまり、**これは消費税に関する事
　　項ではなく、法人税や所得税といった課税所得の計算に関する
　　事項**なのです。

　　　一応、建前としては税込経理・税抜経理の違いによって当期
　　純利益に及ぼす影響はないこととされていますが、会計期間を
　　超えて損益に影響を与える棚卸資産と固定資産・繰延資産につ
　　いては、期ズレとはいえ、当期純利益に及ぼす影響があります。

　　　期末棚卸資産に係る消費税は税込経理の場合には当期の損金
　　の額に算入されず、翌期以降の販売された期の損金の額に算入
　　されることになり、税抜経理の場合には当期の損金の額に算入
　　される形となります。

　　　また、固定資産・繰延資産に係る消費税は税込経理の場合に
　　は取得価額を構成するため、その消費税分も含めて当期以降の
　　減価償却費が計算されますが、**税抜経理の場合には**取得価額か
　　ら除外されるため、**取得当初において10%（消費税率）分の特
　　別償却を行ったのと同じ効果**があります。

② 税抜経理の特長

税抜経理の特長としては、次のようなものが挙げられます。

(イ) 棚卸資産や固定資産・繰延資産に係る消費税が取得年度の損金の額に算入される

(ロ) 少額の減価償却資産や一括償却資産、中小企業の少額減価償却資産の基準である10万円未満、20万円未満、30万円未満の判定が税抜きで行われるから、税込経理に比べて該当範囲が広い

(ハ) 固定資産税（償却資産）が税抜きの金額が評価額となるため、その分、税額が小さくなる

(ニ) 交際費等の損金不算入は本体の額だけが対象となるため、消費税の部分については原則、全額損金算入となる（下記の控除対象外消費税額等に注意）

(ホ) 課税資産で寄附を行った場合（例えば、学校に文房具やピアノなどを寄付した場合）の寄附金の損金不算入は本体の額だけが対象となるため、消費税の部分については全額損金算入となる

(ヘ) 消費税率の変更による損益への影響を受けない

(ト) 期末棚卸資産の計算において仕入れ時期ごとの税率を織り込まなくていいため、ラク

(チ) 期中の損益の額が自動的に正しく計算される（下記④参照）

(リ) 期中、現時点での負担すべき消費税額の概算額が分かる

【控除対象外消費税額等に注意！】

　後ほど第4章で詳しく触れますが、**課税売上割合が95％未満の場合やその課税期間における課税売上**

高が5億円を超える場合には消費税の納付税額の計算上、課税仕入れに係る消費税のうち、仕入税額控除ができない部分が出てきます。この仕入税額控除ができない部分の金額のことを地方消費税も含めて**控除対象外消費税額等**といいます。

　税抜経理の場合にこの控除対象外消費税額等に気を付けなければならないことがいくつか出てきますので、注意が必要です。

　なお、税抜経理を行っていても**簡易課税の場合には以下の調整は不要**です。

　1．資産に係る控除対象外消費税等の調整

　　課税売上割合が80%未満となる課税期間において**固定資産・繰延資産**を取得し、控除対象外消費税額等が生じたときは、その控除対象外消費税額等を60ヶ月で均等償却することにより損金算入する（発生事業年度においては2分の1だけ償却）。

　　ただし、一の固定資産・繰延資産に係る控除対象外消費税額等が**20万円未満**の場合には通常通り、取得事業年度で全額損金算入する。

　　これは、先に税抜経理は消費税率の分だけ特別償却を行ったようなものであると述べたが、控除することができなかった消費税をそのまま取得事業年度の損金の額に算入することが税込経理との間で著しく不公平を招くとの考えによるもの。

　2．交際費等の範囲

　　税抜経理の場合、交際費等に係る消費税等の

> 額のうち、**控除対象外消費税額等に相当する金額は、交際費等の額に含まれる**ことになる。

③ 税込経理の特長

　㋑　特別償却の取得価額の基準（例えば、機械及び装置については160万円以上、など）の判定が税込みで行われるから、税抜経理に比べて該当範囲が広い

　㋺　設備投資関係の特別税額控除の金額が消費税の分だけ大きくなる

　㋩　納付すべき消費税の損金算入時期を選択することができる（原則：申告書提出事業年度、例外：発生事業年度）

　㊁　控除対象外消費税の調整が不要

④ 消費税の課税事業者が税込経理を行う場合に気を付けたいこと

　消費税の課税事業者は、税込経理・税抜経理を申請や届出によることなく任意に選択することができるのですが、税抜経理の方がメリットが大きい場合が多いです。しかし、NPO法人など予算を立てる必要がある法人が、予算を税込みで立てた場合には決算も税込みで行う必要があるなど、場合によってはやむを得ず税込経理にするしかない会社もあります。

　このように、消費税の課税事業者でありながら税込経理を行う会社が気を付けたいことがあります。それは、**毎月の消費税負担額を計算し、予定計上する**ということです。

　税抜経理は、消費税を損益に関係させないので毎月適正な損益が表示されるのですが、税込経理はこの予定計上をしない限りは毎月の損益が税込みで表示されます。通常、この税込みの損益は税抜経理に比べて利益が出ている方向に表示されます。

そして、決算において未払消費税を計上した時にガクンと利益が減るのです。ここでの利益の減り方・インパクトは消費税率が大きくなればなるほど大きくなります。

これでは、期中、本当に利益が発生しているのかどうかが分かりません。もっと言えば、決算対策が本当に必要なのかどうかも分かりません。適正な現状把握ができていないのですから。

このことは、減価償却費を月々予定計上せず、決算で一年分を一気に計上するのととてもよく似ています。

このように、せっかく月々行っている月次決算を適正な損益で表示させるためにも、税込経理を行う場合には毎月、消費税の負担額を予定計上することをお勧めします。

⑩　本章のまとめ

　法人税の取扱いは実に広く、多岐にわたるのですが、中でも迷いやすいところや、基礎的なことだけれども知っておくといろんなところに応用が利くと思われるところをアラカルト的に9個チョイスし、なるべく内容を細かくしない形で理解のしやすさを最優先して紹介してみました。

①　別表四と別表五（一）は期ズレである留保加算項目・留保減算項目によって深いつながりがもたらされている。また、社外流出加算・※減算項目については、会計との差異が永久差異となる。別表五（一）のタイトルの一部となっている利益積立金額を一言でいうと、「課税済みの社内留保金額」である。

②　役員給与の損金不算入の歴史は大変古く、主に納税者のお手盛り行為の防止という観点から制度化されているが、近年、会社法や企業会計により役員賞与の性質が変わってきたため、2006年度税制改正を経て現在の形となっている。役員給与の損金不算入額は社外流出加算項目なので、永久差異となるため、取り戻しがきかない。

③　売上原価や外注費などといった益金とヒモがつく個別的対応関係にあるものについては、事業年度終了の日までに債務が確定しない場合には適正な見積もり額を損金の額に算入し、消費税においても課税仕入れとして税額計算を行う。なお、事後費用や人件費については見積もり計上を行うことはできない。

④　短期前払費用の取扱いは税法独自のものではなく、企業会計原則の重要性の原則と深いつながりがある。これはあくまで継続して受ける等質等量の役務の対価のうち、支払からほぼ1年以内に役務の提供を受けるものに限られる。資産の対価や未払

いのもの、益金と特に強い対応関係にあるものについてはこの適用はない。

⑤ 貸倒れの損金算入については法令ではなく通達でその取扱いが定められているため、我々納税者サイドから見ると独特の困難が存在する。これは、貸倒れの事実の認識に納税者の主観が入ることを防ぐための措置であるため、貸倒れの損金算入には時間と手間がかかるということを理解するとともに、事実と書類の準備を念入りに行うこと。

⑥ 修繕費と資本的支出の違いについては耐用年数の意義から押さえることとし、通常考えられる維持補修を加える場合に、通常予定される効果を挙げることができる年数を耐用年数とされているところ、この「通常考えられる維持補修」に該当するのが修繕費で、これを上回る価値や物体が付加された部分が資本的支出と考えることとした。これを理解した上でフローチャートやキーワードを押さえると腹落ちすると思われる。

⑦ 一見、複雑に見える生命保険料の処理について、基礎知識を身に付けた上で、１．単純損金、２．給与、３．生命保険会社への預金（資産計上）、４．前払費用（資産計上）の４つのうちいずれに該当するのかを考えた。

⑧ 法人税や法人住民税は損金不算入なのに対し、法人事業税はこれらと同じものを課税標準としていながらも、何故損金算入とされるのかということについて、その性質から探った。法人税や法人住民税は「もうけの一部を納めるもの」、法人事業税や事業用固定資産に係る固定資産税は「地方自治体から受ける便益の対価」という意味合いから処理方法が定められているということであった。

⑨ 消費税の課税事業者については、税込経理と税抜経理のいずれかを任意で選択することができるが、税抜経理の方がメリッ

トが大きい。しかし、税抜経理を行う場合には控除対象外消費税額等の取扱いに注意が必要で、やむを得ず税込経理とする場合には月々の消費税納税額を予定計上し、月次決算の損益を実態に近づける努力が必要となる。

第4章

消費税は転嫁税である！！

1989年に施行された消費税法は、法人税や所得税などの所得課税とは異なり、誰が読んでも同じ処理となることを目指して作られたといわれています。つまり、グレーゾーンが極力存在しないよう、課税の対象と課税仕入れの要件が厳格に定められているはずなのですが、やはり実務ではグレーゾーンが少なからず存在します。このような消費税の性質から、法人税や所得税とは異なり、実態課税というより**要件課税（形式課税）**の側面が強いのでグレーゾーン取引を処理する際には法令や通達に拠るところが大きくなります。

　このような消費税の処理を行うにあたって押さえておくべき概念があります。それは、消費税は**転嫁税**だということです。ここでは、転嫁税とはどのような性質があるのかを確認していきましょう。

■1 売り手と買い手で消費税に関する処理は原則的に同じ

　消費税は転嫁税ですから、一つの取引について原則的に売り手の処理と買い手の処理は同じになります。このことは、同じ取引を前と後ろから見るようなものですから、当たり前といえば当たり前です。例えば、売り手が中古車を1,000,000円で売ったとすれば、売り手には1,000,000円の課税売上、買い手には（控除されるかどうかはともかく）同額の課税仕入れが計上されます。従業員の社宅としてアパートを借りている会社が大家さんに70,000円の家賃を支払った場合、会社側では非課税仕入れとして、大家さん側では非課税売上としてそれぞれ処理することになります。同様に、支払側が100,000円の損害賠償金を支払ったら支払側においては課税仕入れとすることはできず、受取側では課税対象外の収入となり、どちらも消費税の計算には関係させないことになります。

　では、次のような場合に、特別会費を受け取ったNPO法人はどのように処理すればいいでしょうか？

> 子供たちに楽器の演奏を教えることを主業務としているNPO法人が、自己の主催する発表会の開催に当たり、その発表会限りの特別会員（法人及び個人事業者）なるものを設け、その特別会員から特別会費を受領した。この特別会員については、発表会のプログラムに名前やロゴなどが記載され、観客などに広く配布される。

　このNPO法人の会計処理をする立場になると、普段あまりなじみのない取引ということもあって少し考えてしまいますね。会員ら

が拠出する通常の年会費は課税対象外。活動計算書でいうとこういった受取会費の中にぽつんと特別会費の科目名が表示されるので、同じ会費収入だから対価性なしと判断して課税対象外とする向きもあるでしょう。しかし、本当にそれでいいのか少し考えて頂きたいのです。どのように考えるのか？それは、「**消費税は転嫁税だから支払側と受取側では原則的に消費税の取扱いは同じになる**」ということです。

　今回の例では受取側の処理を考えることになりますので、**支払側（取引の相手方）はどのように処理するかを考えればそれと同じ処理をすればいい**ということになるのです。皆さんが逆に、この特別会員の処理を行う立場だったら、この特別会費についてどう処理しますか？私だったら、プログラムに名前が出て、観客その他に広く配布されるのだから広告宣伝の対価として課税仕入れにしますね。このように処理する人は多いのではないでしょうか。

　これは対価性が認められるからということなのですが、いずれにせよ、取引の相手方が課税仕入れとするのが適正な処理だと考えられるものについては受取側で課税売上にしない訳にはいかないでしょう。

　このように、**一見、処理が難しそうに見える取引については、取引の相手方がどう処理するのかということを考えると簡単に答えが見つかる場合があります。**

　なお、原則があれば例外もあるもので、売り手と買い手で処理が異なるものもいくつかあります。例えば、１．役員が自社の資産を贈与された場合（みなし譲渡）、２．旅行会社等が顧客からの入金について代理店手数料のみを課税売上とし、他の部分は預り金として処理する場合、などがありますが、これらはあくまで例外として考えて頂ければと思います（特に２．については旅行を主催する元締めまで取引を拡大して考えると原則通りになります）。

❷ 転嫁税たる消費税の計算方法１～全体を大きく２つに分けて考える！

① 消費税の計算パターン

　消費税の申告書は原則課税用と簡易課税用の２種類が用意されていますが、基本的な計算パターンは変わりません。ここで消費税（国税部分）の計算パターンを確認しておきたいと思います。

参考 消費税（国税部分）の計算パターン

1．課税標準額…税抜対価の額を千円未満切り捨てしたもの

2．課税標準額に対する消費税額

3．控除過大調整税額

4．控除税額…次の(イ)～(ハ)の合計

　(イ)　控除対象仕入税額⇒原則課税と簡易課税ではこの部分だけが異なる

　　【簡易課税の場合】

　　・みなし仕入れ率による控除対象仕入税額

　　【原則課税の場合】

　　・実額による控除対象仕入税額

　　　　⇒個別対応方式・一括比例配分方式・全額控除のいずれか

　　・調整対象固定資産に係る消費税の調整

　　・棚卸資産に係る消費税の調整

　(ロ)　返還等対価に係る税額

　(ハ)　貸倒れに係る税額

　　　　5．差引税額or控除不足還付税額

　　　　6．中間納付税額

　　　　7．納付税額or中間納付還付税額

② 全体を大きく２つに分けるとしたら？

　消費税の納付税額の計算はこれら１．〜７．の計算過程を経て算出されるのですが、これらを２つに分けるとしたら、どこで分けますか？「対価」と「消費税」で分けるとすれば１．と２．の間ですし、「仮受消費税」と「仮払消費税」で分けるとすれば２．と３．の間です。また、「年税額と中間納付税額の精算」ということからすれば５．と６．の間というのもあるかもしれませんね。

　どれも正解なのですが、消費税の仕組みや取扱いを整理して実務に生かすという視点からは、２．と３．の間に大きな壁があると考えると消費税の理解はスムーズになると思います。無論、４．の㈑は「仮受消費税」に関することなのですが、以下、説明を簡潔にするために、売上に係る対価の返還等は全て課税標準額を控除する（売上値引きではなく、売上のマイナスとして処理する）方法によることとし、４．㈑の欄は使用しないものとします。

③ 法人税と全く異なる納付税額の計算

　消費税は法人税や所得税などの所得課税とは異なり、独特の計算体系を有しています。それは、「課税標準額に対する消費税額」から「控除税額」を控除するということです。

　法人税の課税標準は「各事業年度の所得の金額」です。この所得の金額というのは「益金の額から損金の額を控除した金額」でした。つまり、**益金の額と損金の額の差額が課税標準と**

なっているのです。

　これに対し、消費税は「課税売上の税抜対価の額」が課税標準となっており、何かと何かの差額が課税標準となっているのではないのです。

　例えば、税抜経理を行っているある法人が100万円の売上とそれに係る原価70万円（いずれも税抜き）の両方を申告から除外しており、税務調査で指摘を受けたときのことを考えてみます。なお、売上、原価ともに原始帳票や帳簿等は残されておらず、反面調査から事実が明らかになったとします。

　法人税においては課税標準が差引金額なので、100万円から70万円を差し引いた**30万円に税率を掛けたもの**を増差税額として修正することになるでしょう。

　ところが、この場合、消費税においては**100万円に税率を掛けたもの**が増差税額となることが考えられるのです。何故でしょうか？消費税は課税売上の税抜対価の額を課税標準としており、仕入税額控除については帳簿保存要件を課しているからです。つまり、課税仕入れだと思っていた70万円は帳簿保存がないためその要件を満たしていませんから控除できないということです。

　実際、税務調査時に課税仕入れに係る帳簿及び請求書等を提示しなかったため帳簿保存要件を満たさないとして**控除税額を0円とし、課税標準額に対する消費税額（及び地方消費税）をそのままの金額で課税**するという更正処分が行われ、裁判で争われましたが、税務署側の勝訴となった事件がありました（東京地裁2019年11月21日判決ほか）。

　このことからも、課税標準額に対する消費税と控除税額の間に線があって、そこで２つに分かれるということが分かるでしょう。

❸ 転嫁税たる消費税の計算方法2〜課税売上高の位置づけ

　消費税は、「課税売上に係る消費税と課税仕入れに係る消費税との差額」というイメージが強いですが、実は、課税売上高（輸出免税等を含む）がすごく大きな意味を持ちます。

① 小規模事業者・中小事業者への配慮
　㈶ 小規模事業者・中小事業者の線引き
　　消費税は転嫁税なので、本来、小規模事業者や中小事業者に対する配慮は不要で、納税義務者は全員同じ計算手続きを経て納税を行うべきなのかもしれません。しかし、消費税は課税の不公平を少なくするために形式課税の性格が強いものとされたこともあって、特に原則課税の事務負担は相当に大きなものとなります。そこで、そのような事務負担を義務化したところで精度の高い申告納税は期待できませんから、小規模事業者については納税義務を免除したり、中小事業者については仕入税額控除を課税売上高のみから計算することができる簡易課税制度の適用を認めたりすることとしています。
　　では、この小規模事業者や中小事業者とそれら以外の事業者の線引きをどのように行うことにしたのか？皆さんご案内の通り、課税売上高によって線引きをすることにしたのです。
　㈭ 線引きのジレンマ
　　しかし、この方法によることには問題がありました。それは、小規模事業者・中小事業者に該当するかどうかはい

つのタイミングで判定を行うのかということです。現在では課税売上高が1,000万円以下の事業者を小規模事業者、同じく5,000万円以下の事業者を中小事業者としています。

　この判定については、申告対象となっている課税期間の課税売上高で線引きをすれば一番いいと思われます。が、これだと課税期間が終わって、帳簿を締めてみないと当課税期間が免税だったのか、簡易課税の選択が可能だったのかが分かりません。つまり、当課税期間の課税売上高で判定を行うこととすると、事務負担対応への準備などの期間が全く確保されないため、遅すぎるのです。これではダメで、もっと前の課税期間の課税売上高を使わないと課税期間の初日から必要となる事務負担対応ができないのです。

(ハ)　所得税からヒントを得て

　そこで、同様のジレンマを抱える制度が所得税にあるので、そのやり方を借用することにしたようです。それは、所得税法第67条に規定されている青色小規模事業者の現金主義です。

　不動産所得や事業所得は法人税同様、権利確定主義により収入金額を計上し、そこから個別的対応又は期間的対応の関係にある原価や費用を差し引くことにより所得計算を行うこととされていますが、小規模事業者についてはこの方法によって計算することが難しいため、減価償却など一部を除いて現金の受払いのタイミングで収入金額や原価・経費を計上することを届出により認めているのです。

　この特例対象となる青色小規模事業者をいわゆる特前所得金額300万円以下としたまではいいのですが、現金主義でいいのかどうかを判断するタイミングが問題となります。その年分の所得だと帳簿を締めるまで分からないし、前年

分の所得だと最悪、３月15日まで分からないので、いずれ
にせよ、期首である１月１日にはまだ分からないというこ
とでは都合が悪い。このような事情から、いささか時間的
に離れるけれども、前々年分の所得を用いて当年分の所得
計算方法を確定させ、準備する時間が与えられることに
なったのです。

　これと同様に消費税においては、個人事業者は前々年、
法人は前々事業年度をそれぞれ「基準期間」と称してその
期間における課税売上高で小規模事業者・中小事業者の判
定を行うことにしたのです。

㈡　法人ならではの問題

　しかし、個人事業者はこれでもいいのですが、法人につ
いてはもう一つの問題がありました。それは、個人事業者
と異なり、**事業年度を任意に変更することができる**という
ことです。

　昔、私のお客様に12月だけ数千万円の売上が上がり、あ
との月は売上ほぼゼロという方がいらっしゃいました。正
月用品の製造販売の会社なのでこのようなことになるので
すが、仮に前々事業年度の課税売上高が1,000万円以下で
さえあれば小規模事業者に該当し、免税事業者となるとい
うのであれば、私だったら毎年１年を１月から６月、７月
から11月、12月の３つに区切ってそれぞれ６か月と５か月、
１か月の３つの事業年度とし、それを繰り返しますね。

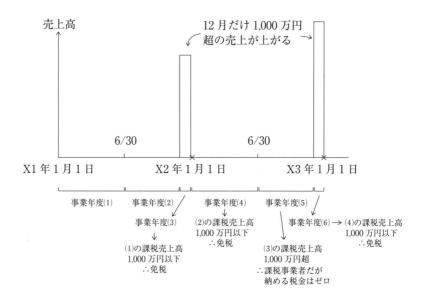

売上高

12月だけ1,000万円
超の売上が上がる

6/30　　　　　　　　　6/30

X1年1月1日　　　　　X2年1月1日　　　　X3年1月1日

事業年度(1)　　事業年度(2)　　　事業年度(4)　　事業年度(5)
　　　　　　事業年度(3)　　　　　　　　　　　　事業年度(6)→(4)の課税売上高
　　　　　　　↓　　　(2)の課税売上高　　　　　　　　　　　　1,000万円以下
　　　　　(1)の課税売上高　1,000万円以下　　　　　　　　　　∴免税
　　　　　1,000万円以下　∴免税　　　　　(3)の課税売上高
　　　　　∴免税　　　　　　　　　　　　1,000万円超
　　　　　　　　　　　　　　　　　　∴課税事業者だが
　　　　　　　　　　　　　　　　　納める税金はゼロ

　　こうすると、課税売上が計上される12月の前々事業年度
は毎回その年の1月から6月の事業年度となり、ここは課
税売上が計上されませんから基準期間における課税売上高
が1,000万円以下となり、ずっと消費税を納めなくていい
ことになります（毎年7月から11月の事業年度は納税義務
者になりますが、課税売上がないので納税額がゼロとな
る）。このようなことを許していたのでは、課税の公平が
図れなくなりますので、**前々事業年度が1年未満の場合に
は課税売上高を年換算する**こととし、さらに何期にもわ
たって1年未満の事業年度が続く場合には基準期間を複数
の事業年度とすることにしたのです。

　　余談ですが、個人事業者については、前々年は0歳児や
1歳児でない限りは必ず丸一年ありますから、年の中途で
事業を始めたとしても課税売上高を年換算することはあり
ません。

② 消費税をどのくらい転嫁したかを示す材料

　課税売上高のもう一つの重要な役割として、消費税をどのくらい次の流通段階に転嫁したのかを示す材料になるということが挙げられます。このことは転嫁税たる消費税を理解し、実務に生かしていく上で大変重要なことなのですが、仕入税額控除の仕組みに関係する部分が多いので、詳細は後述することにします。

4 転嫁税たる消費税の計算方法3～消費税の世界で取り扱う取引、取り扱わない取引

① 課税対象外・非課税・免税・課税の区分

　誤解を恐れずにいえば、所得税に例えると消費税の課税売上は所得税の合計所得金額、仕入れに係る消費税額は所得控除のようなものといえるかもしれません。

　所得税においては、納める所得税額にかかわらず、児童手当の支給や後期高齢者医療の1割負担or3割負担などといった行政上の施策は合計所得金額で判定されることが多いですし、実際の税額計算は所得控除の計算を経て行われます。これに対し、消費税では小規模事業者や中小事業者の判定（すなわち、事業者の規模の判定）は基準期間の課税売上高で行いますし、納付税額の計算は仕入税額控除を経て行われます。

　つまり、納税者の規模を表すのに**消費税では課税売上高、所得税では合計所得金額を使い、様々なところに影響を及ぼすの**に対し、**消費税の仕入税額控除額や所得税の所得控除額は単に納付税額の計算過程の一つに過ぎない**ということとされていて、こういう見方をすれば両者はよく似た構造になっていると思うのです。

　このように、消費税の課税売上高は納税者の規模及びその規模に応じた各種の施策（免税や簡易課税の選択、課税売上高5億円以下の全額仕入税額控除など）の適用に影響があります。

　ここで問題になるのが、事業者の収入のうち、どこまでを消費税の計算に入れるのかということです。これを明確にしておかないと税額計算の仕方にも大きな違いが生じてしまい、税務行政の執行が困難なものになってしまいます。そこで、事業者

の収入を1．消費税の計算の対象に入ってこないものを「**課税対象外取引**」、2．課税対象となる取引のうち、様々な理由から課税されないものを「**非課税取引**」、3．同じく課税対象となる取引のうち、海外に我が国の消費税の影響を及ぼさないために課税を免除されたものを「**免税取引**」、4．同じく課税対象となる取引のうち、非課税取引にも免税取引にもならないもの（課税標準額を構成する取引。本書では「**課税される取引**」と呼ぶことにします）、の4つに区分して事業者の規模の判定や控除対象仕入税額の計算に利用しているのです。

消費税における取引の分類

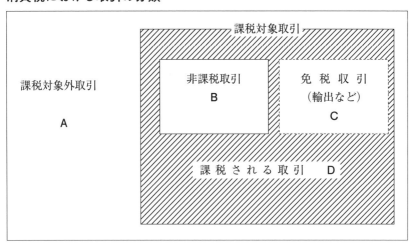

② 取引を4つに区分するための3つのフィルター

㈠ 第一フィルター

これはいわゆる、課税4要件と呼ばれているものです。この課税4要件を一つでも満たさないとこのフィルターに引っかかってしまい、「課税対象外取引」となります。上

図でいうとAの取引ということになりますが、ここに区分された取引は消費税の計算の世界に入って来ないことになります。

（例）　海外で販売した物品、趣味で所有していたゴルフ用品の売却、配当金、保険金、損害賠償金、寄附金など

参　考　**課税4要件**

1．国内において行った取引であること
2．事業者が事業として行った取引であること
3．対価を得て行った取引であること
4．資産の譲渡及び貸付け並びに役務の提供であること

(ロ)　第二フィルター

　　課税4要件を全て満たし、第一フィルターを通過した取引は消費税の計算の世界で取り扱う取引になるため、これらをまとめて「**課税対象取引**」といいます。ただし、課税対象取引となったからといって全て10%が課せられるのかというとそうではなく、様々な理由から消費税を課税しない取引が2グループ存在します。その一つがこの第二フィルターで判定されるのです。

　　ここでは、消費税の課税対象取引に該当しながらも課税の趣旨になじまず、あるいは国民感情への配慮といった意味合いから消費税を課さない（非課税）こととされたものをピックアップするのです。この消費税を課さない取引については別表第一（輸入取引については別表第二）に限定

列挙されており、これらに該当するもののみこのフィルターに引っかかり、「非課税取引」となります。

(例)　土地の譲渡及び貸付け、利子や保証料、保険料、保険診療、身体障害者用物品の譲渡及び貸付け、教科用図書の譲渡、住宅の貸付けなど

(ハ)　第三フィルター

　　課税対象取引のうち、輸出として行われるものや輸出物品販売場で行われるものについては、我が国の消費税を国外の消費者に負担させることがないよう、消費税を免除する（免税）こととされています。非課税と免税の違いは、その取引に係る課税仕入れが控除できるかどうかということになるのですが、これについては後述します。

　　これが三つ目のフィルターになるのですが、これら三つのフィルターを全て通過した取引が晴れて（？）課税される取引となるのです。

⑤ 転嫁税たる消費税の計算方法4〜消費税の最終負担者は誰なのか？

　消費税を取り扱う上でよく理解しておきたいのはこの部分です。普段、消費税の最終負担者は誰なのかということを意識することはあまりありませんが、めったに出てこない判断に悩む取引が出てきたときにこのことを知っているのと知らないのとでは処理の正確性や正解に辿り着くまでの時間に大きな差が生じることでしょう。

　実は、この部分は**仕入税額控除に大きな影響を与える**のです。消費税に関する書籍や講演などでもあまり強調されることがないように思われますので、改めて触れておくことにしましょう。

　消費税は転嫁税ということで、流通の川上から川下にかけて順送りされ、最終負担者が10%（軽減税率の適用があるものについては8％）の税負担をするものとされています。このことから、消費税は流通の中途の各段階においてではなく、最終負担者が負担することとされていることが分かります（流通の中途において納税は出てくるが、次の流通段階に転嫁することができている限りは納税する事業者の負担ではない）。

> **では、消費税の最終負担者とは一体、誰なのでしょうか？**

　一般に広く言われているのは「消費者」です。確かに消費者は流通の最も川下に位置しますから、最終負担者です。しかし、消費者以外の、例えば事業者は最終負担者とはならないのでしょうか？すなわち、消費税の負担は事業者は全くしなくていいのでしょうか？

　皆さんは、お医者さんの団体が保険診療報酬を非課税取引から外し、課税取引（免税）とすべきとの運動をしているというニュース

を聞いたことはないでしょうか？これを控除対象外消費税問題と呼んでいらっしゃるようですが、平たくいうと、保険診療報酬について消費税を課するということは国民感情の面から極めて難しいものがあるため非課税とされているところ、その保険診療報酬を得るために支出した薬の仕入代や機械・器具の購入代、さらに病院の建物の購入・建築代などに係る消費税は控除されないため、これらの控除されない消費税（控除対象外消費税）が病院や医院の経営を圧迫しているので、これを控除することができるようにすべく、免税取引にしてもらいたいということです。

　これこそが事業者が負担している消費税の最たるものではないでしょうか？

　この例からも分かる通り、消費税の最終負担者は「**次の流通段階に消費税を転嫁することができなくなった人**」であり、消費者はもちろん、非課税売上を計上する事業者もこれに含まれるのです。ただし、輸出する事業者については次の流通段階に消費税を転嫁していませんが、輸出売上に係る課税仕入れの消費税は**国外への転嫁を防止する意味合いから全額控除が認められている**ため、事業者が負担する部分はなく、非課税売上を計上する事業者とは分けて考える必要があります（輸出は税率０％で転嫁したと考える、という説明を聞くことがありますが、的を射た表現だと思います）。

⑥ 転嫁税たる消費税の計算方法5〜仕入税額控除

　話題を税額控除の方に移します。消費税はお客様から収受した対価の10%（仮受消費税）と業者に支払った対価の10%（仮払消費税）の差額を納める税金ですが、この仮払消費税の控除についてはその考え方をしっかりと押さえておく必要があります。

① 非課税売上に係る仮払消費税を控除できないのは何故？

　まず、次の2つの例について仮払消費税のそれぞれの取扱いを考えてみましょう。

1．薬局（当社）が医薬品販売業者から仕入れた薬を自由診療で売った場合

```
仕入・経費等  700 円    ┌──────┐   売上    1,000 円
                        │ 当社 │
税          70 円    └──────┘   税      100 円

（計  770 円支払）                （計  1,100 円受領）
```

2．薬局（当社）が医薬品販売業者から仕入れた薬を保険診療で売った場合

```
仕入・経費等  700 円    ┌──────┐   売上    1,000 円
                        │ 当社 │
税          70 円    └──────┘   税      非課税

（計  770 円支払）                （計  1,000 円受領）
```

　上記1．の事例、2．の事例ともに仕入れたのはシップ薬だとしましょう。それを1．の事例では処方箋なしで販売し、2．の事例では処方箋の指示通りに販売した訳ですが、全く同じ商品、同じ値段でありながら、医薬品販売業者に支払った消費税

部分の70円の取扱いは全然違いますね。すなわち、1．の事例では70円全額が仕入税額控除できるのに対し、2．の事例では1円も仕入税額控除することができません。これは何故でしょうか？

　ここに消費税の転嫁税たるところが色濃く出ているのですが、順に確認してみましょう。

　私は法律の規定が何故このようになっているのかを考えるとき、**為政者の立場になって考える**ことにしています。つまり、<u>逆の立場になって考えるのです</u>。こうすることによって規定の趣旨が分かったり、確実ではないけれどもどうやらこれが真相らしいというところが見えてきたりします。

　さて、消費税の仕入税額控除の仕組みですが、バブルで国内が湧いていた昭和の末期に消費税法を作った人（正確にいうと、消費税導入前に練られていた一般消費税法案や売上税法案を作った人、ということになるでしょうか）は非課税取引についてあるジレンマを抱えていたものと思われます。それは、非課税売上にヒモがつく仮払消費税のことです。消費税の課税4要件を全て満たし課税対象取引に分類されるけれども、消費税の趣旨や国民感情などから消費税を課するのは適当でない取引について限定列挙という形で非課税としたまではよかったのですが、2．の事例のように、それに要した仮払消費税の控除を認めると還付になってしまうということです。

　本来、非課税取引はそれ自体、恩恵として規定されているはずです。なのに、売上には消費税が課されず、それに要した仮払消費税の控除を認め、還付するのは二重の恩恵になってしまうため、これはさすがに行き過ぎだということになったのではないでしょうか。

② 仕入税額控除を転嫁の面から考えてみる

　転嫁税の性質を今一度考えてみましょう。転嫁税は流通の川上から川下にかけて次の段階に転嫁していき、最終的に消費者が10%だけ負担することになるものです。１．の事例にように次の流通段階に消費税を転嫁している場合には、それに要した仮払消費税の控除を認めないと消費税が雪だるま式に増え、エンドユーザーの手許に渡るときには取引価格が税抜価格の数倍になっているということも考えられます。これを避けるために次の流通段階に消費税を転嫁している取引（課税売上）についてはそれに要した仮払消費税を全額控除することを認めているのです。

　これに対し、非課税売上については次の流通段階に消費税を転嫁しません。これについてそれに要した仮払消費税の控除を認めると二重恩恵となってしまい、為政者の意図しないところとなってしまいますから、**仮払消費税については次の流通段階に消費税を転嫁したものに限り控除を認めることとした**訳です。このような取扱いから、結果、お医者さんのように非課税売上を計上する事業者は消費者同様、消費税の最終負担者とされることになってしまったのです。

③ 課税売上割合って何？

　仮払消費税については次の流通段階に消費税を転嫁したかどうかで控除可能か不可能かが決まるということまで説明しました。しかし、世の中の取引は全て課税売上又は非課税売上のどちらかに必ず直接ヒモがつく、という訳ではありません。例えば、先程の例に挙げた薬局の電気代やリース料などは課税売上を計上するためにも必要ですし、非課税売上を計上するためにも必要です。このようなものについては、次の流通段階に消費

税を全額転嫁している訳ではないので全額控除を認める訳にもいきませんし、だからといって全く控除を認めないというのも不適切といえます。

そこで、このような仮払消費税については**「ある合理的な割合」**を掛けたものだけ控除を認めてはどうかということになったのでしょう。

この「ある合理的な割合」ってどのようなものでしょうか？「割合」ですから、分子と分母で表すことになります。分子は**消費税を転嫁した取引の額**ですね。では、分母は？？取引の全額でしょうか。取引の全額にしてしまうと、例えば、多額の配当金や保険金、損害賠償金などを受領した事業者の控除できる割合は小さくなってしまい、かわいそうです。つまり、消費税の計算に関係のない取引は除いてやらないと合理的とはいえないということになるのです。そこで、分母は消費税の計算の世界で取り扱うことになっている取引、すなわち、**課税4要件全てを満たした取引の額**となるのです。

これにより、「ある合理的な割合」を一言で表すと、**「消費税の計算の世界で取り扱われる課税4要件全ての割合を満たした取引総額のうち、次の流通段階に消費税を転嫁した取引の額の割合」**ということができます。算式で表すと、分子が「課税売上高（免税売上高を含む）」で、分母が「課税売上高（免税売上高を含む）＋非課税売上高」となります。この割合のことを我々は**課税売上割合**と呼んでいるのです。

なお、有価証券（ゴルフ場利用株式等を除く）や金銭債権の譲渡は非課税取引なのですが、これらの譲渡額をそのまま分母に算入すると課税売上割合が小さくなり、これらの取引をすればするほど控除対象仕入税額が小さくなるという非合理が生じてしまうため、譲渡対価の額の5％だけを分母に算入すること

になっています。

　これは当初、有価証券の譲渡にのみ適用されていた方法です。何故5%なのかということですが、消費税法案が作られたバブル期当時において、株式譲渡益の平均割合が投資額のおよそ5%だったからだそうです。その利益を得た分の平均相当額だけ非課税売上として計上するということになったようですが、その後、譲渡対価の全額を非課税売上に算入することとされていた金銭債権の譲渡についても、企業再生支援ファンド等への譲渡取引が増え、ファイナンス会社を設立してグループ会社全体の債権を取り扱う形態が一般化したため、有価証券の譲渡に倣い、2014年4月1日以後に行われたものについて譲渡対価の5%だけ非課税売上として課税売上割合の分母に算入することとされました。

④　個別対応方式と一括比例配分方式

　個別対応方式により控除税額を計算する場合には、まず、仮払消費税を1．課税資産の譲渡等にのみ要するもの、2．非課税資産の譲渡等にのみ要するもの、3．その他（「課税資産の譲渡等と非課税資産の譲渡等に共通して要するもの」とされていますが、理解しやすくするためにこのように呼ぶことにします）の3つに区分することになります。

　このうち、1．については次の流通段階に消費税を転嫁していますから全額控除することになりますし、2．については次の流通段階に消費税を転嫁せず、消費税の最終負担者となる部分なので一切控除することができません。3．については「ある合理的な割合」、すなわち、課税売上割合（他に合理的な割合がある場合には課税売上割合に準ずる割合の承認を受けて、その割合を用いることもできます）を乗じて計算した金額だけ

控除することになります。この計算方式は消費税の考え方に最も忠実に従ったものといえるでしょう。

　しかし、この個別対応方式にも欠点があります。それは、仮払消費税を3つに区分しなければならないため、事務負担が大きくなるという点です。これをカバーするために簡易的な計算方法が設けられています。それが一括比例配分方式で、仮払消費税を区分することなく、全体に課税売上割合を乗じたものを控除するというものです。この方法による場合、2年継続要件がありますから、一旦、一括比例配分方式で計算したら翌年に個別対応方式で計算することはできません。なお、2年目が免税、簡易課税又は全額控除の場合には2年継続要件を満たしたことになり、さらにその翌年に個別対応方式によることは可能です。

1期目	2期目	3期目	（全て1期は1年）
一括比例 配分方式 にて計算	× 個別対応方式 ○ 一括比例配分方式 ○ 全額控除 ○ 簡易課税 ○ 免税	いずれにおいても 3期目は個別対応 方式OK	

⑤　課税売上割合が95%以上の場合に全額控除が認められているのは何故？

　ここまでの説明で疑問に感じられたことはないでしょうか？それは、仕入税額控除の原則は全額控除ではないのか、ということです。消費税法第30条では第1項に全額控除の規定があり、第2項に個別対応方式と一括比例配分方式の規定があるため、全額控除が原則的な取扱いと考えることは、間違いとはいえないでしょう。しかし、非課税売上に係る仮払消費税を控除する

ことができないことを考えると、やはり、個別対応方式が消費税の税額控除の原則と考えざるを得ません。それでは、なぜ、課税売上割合が95％以上の場合には全額控除を認めているのでしょうか？

　それは、**非課税売上の金額が割合的に僅少だからです**。先程述べた通り、個別対応方式には事務負担がかかります。我が国の事業者の大多数は非課税売上はほんの僅かしかないのに、そのような事務負担を課することはあまりにも非効率といえるでしょう。そこで、課税売上割合が95％以上の場合、つまり、非課税売上が課税対象取引の５％以下であれば、消費税の最終負担者である部分の取引が殆どないものとして全額控除してもいいということになったのです。

　ちなみに、税法で５％というと、みなし役員の本人持ち株割合要件や譲渡所得の概算取得費、固定資産税における家屋及び償却資産の最小評価限度額、一昔前の耐用年数経過時の減価償却限度額などが連想されますが、いずれも「全くないという訳ではないけれども、ほんの少し」というニュアンスがあるように思われます。課税売上割合においてもそのように取り扱うこととされたのでしょう。

　なお、その課税期間における課税売上高が５億円超となる場合には割合的には僅かでも金額的には無視できないとして、2011年度税制改正により、課税売上割合が95％以上であっても個別対応方式又は一括比例配分方式による計算が義務づけられました。

⑥　免税取引に係る仮払消費税の控除を認めているのは何故？
　最後に、免税取引の仕入税額控除です。免税取引も非課税取引同様、次の流通段階に消費税を転嫁していないのですが、こ

ちらは仮払消費税の全額控除を認めています。ですから、輸出を主な事業としている事業者は控除不足仕入税額の還付を行う申告となります。これも例を挙げて考えてみましょう。

この取引において、業者に支払った仮払消費税70円を非課税同様、還付されないとなったらどうなるでしょうか？私なら、損はしたくないので、その70円を売価に乗せることを考えますね。実は、非課税売上を計上する事業者もできる限りにおいて売価に乗せているのだと思いますが、免税取引で売価に乗せられるととても都合が悪いことが起こります。それは、**我が国の消費税が国外の消費者に転嫁されてしまうこと**です。消費税は内国税なので、国外に転嫁されることがないように立法するのが国際的な慣行となっているようです。そこで、輸出については消費税が国外に転嫁されることのないよう、仮払消費税の全額控除を認め、控除不足額については還付することとされているのです。

考　察　**消費税法基本通達11－2－13後段の趣旨を考える**

（国外取引に係る仕入税額控除）

11－2－13　国外において行う資産の譲渡等のための課税仕入れ等がある場合は、当該課税仕入れ等について法第30条《仕入れに係る消費税額の控除》の規定が適

用されるのであるから留意する。

　この場合において、事業者が個別対応方式を適用するときは、当該課税仕入れ等は課税資産の譲渡等にのみ要するものに該当する。

　この通達は、例えばオーストラリアの不動産を売買するために日本国内で広告宣伝を行った場合に、その広告宣伝費に係る仮払消費税についても全額仕入税額控除がOKだというものです。この不動産が建物であれば課税資産の譲渡等にのみ要するものに該当すると言われるとピンとくるかもしれませんが、土地だったらどう処理することになるのでしょうか？

　土地は非課税だから、非課税資産の譲渡等にのみ要するもの…と考える向きもあるでしょう。しかし、消費税法第6条第1項では「国内において行われる資産の譲渡等のうち、別表第一に掲げるものには、消費税を課さない」と規定しています。つまり、国外において行われる資産の譲渡等については非課税という概念がないのです。従って、オーストラリアの土地の売買は非課税ではないので、そのための広告宣伝費に係る仮払消費税については非課税資産の譲渡等にのみ要するものとして取り扱うことにはならないのです。

　また、課税対象外取引に該当する収入に係る課税仕入れは「その他」に分類されることになっているのに、何故国外において行う資産の譲渡等に係るものは「課税資産の譲渡等にのみ要するもの」に分類されるのでしょうか？

　例えば寄附金を募るための広告宣伝費に係る仮払消費

税は課税対象外取引に直接ヒモがつくため、同通達11－2－16により「その他」に分類されます。にもかかわらず、同じ課税対象外取引に直接ヒモがつく国外取引のための課税仕入れは何故「課税資産の譲渡等にのみ要するもの」として全額控除が可能なのでしょうか？

　それは、免税取引同様、国内の消費税が海外に転嫁されることを防ぐためです。このオーストラリアの土地の売価に国内の広告宣伝費に係る仮払消費税が乗せられたら、日本の消費税を国外に転嫁したとして国際慣行に反する結果となるでしょう。

7 消費税の要件課税たる部分について

① 課税は実態に即して行われるべきとする考え方

　租税は基本的に実態に即して課されるべきといわれます。すなわち、行われた事実に忠実に従って課税を行うべきとする考え方です。私も公平たるべしとされる税の取扱いにおいてこの考え方には賛成ですが、理想と現実の間には大きな壁があり、これだけではなかなか税務行政の執行はできません。なぜなら、税務署の職員が四六時中、納税者の背後からその行動を見ていて全ての取引を確認する訳にはいかず、また、租税法律主義を規定している日本国憲法第84条との兼ね合いがあるからです。

② 実態に即した課税の補完機能としての要件課税

　そこで、実態に即して課税を行うという建前を置きながらも、取引の全容を確認することができる**証拠（主に書類）の保存**により後から振り返ることができるようにしておくことを義務付けることで実務が行われているというのが現実です。ここでは、この**保存された証拠によって事実を類推し、課税を行う**方法を形式課税と呼び、さらにその保存自体を税額計算の要件としているものを要件課税と呼ぶことにします。

③ 消費税における要件課税

　消費税は転嫁税であるため、免税事業者や簡易課税といった例外を除けば、流通の最も川下に位置する最終負担者が支払う資産の譲渡等の税抜対価の額に税率を掛けたものと、流通の各段階におけるそれぞれの事業者が納めることになる消費税の合計額は基本的に一致するはずです。

しかし、これらの金額の一致は取引の存在及び受払された対価の真実性の担保があることを前提とします。つまり、流通段階のある事業者が架空の課税仕入れをでっち上げ、消費税額を不当に小さくして納めた場合にはこの一致は実現されず、したがって、**歳入の安定化が図られない結果**となります。

　これを避けるために、消費税の原則課税による課税仕入れには帳簿及び請求書等（1997年3月31日以前の課税仕入れについては帳簿又は請求書等）の保存を義務付け、これがない課税仕入れについては仕入税額控除を認めない旨、立法されたのです。これが消費税の要件課税の部分です。

8 本章のまとめ

　消費税は、計算は簡単ですが、細かくて範囲が広い税目です。転嫁税ということで、法人税や所得税といった所得課税の税目とは一線を画す、独特の税体系を有しています。いつも出てくるような取引ばかりだとそんなに難しくないのですが、少し特殊な取引が出てきたり、改正が入ったりすると途端に迷ってしまうことが多くなる税目でもあります。多少のことでは迷わないようにするため、ここで押さえるべき消費税の性質をまとめてみましょう。

① 　消費税は転嫁税なので、同じ取引について売り手と買い手の処理は同じになるということ

② 　原則課税と簡易課税は全く別のものではなく、違うのは控除対象仕入税額の部分だけだということ

③ 　課税売上高は所得税でいう合計所得金額のような役割があり、これによって中小事業者や小規模事業者の線引きを行い、簡易課税や免税といった選択肢が用意されているということ

④ 　法人の基準期間における課税売上高は年換算を行い、個人事業者のそれは年換算しないのだということを理由とともに体に染み込ませること！

⑤ 　消費税では取引が、まず、「課税対象外取引」と「課税対象取引」に区分され、後者についてはさらに「非課税取引」「免税取引」「課税される取引」の3つに区分されるということ

⑥ 　消費税の最終負担者は「次の流通段階に消費税を転嫁することができない人」とされ、**エンドユーザーは消費税を対価に上乗せして支払うことにより**、**非課税売上を上げる事業者は仮払消費税の一部又は全部を税額控除しないことにより**、それぞれ負担することになるということ

⑦　このような消費税の仕組みから、仕入税額控除の考え方としては個別対応方式が原則であり、課税売上高とのひもの付き具合に応じて控除額が変わるということ（課税売上割合の意味合いも）

⑧　輸出については国外の消費者に日本の消費税が転嫁され、負担させることのないよう、国際的な慣習に則り、全額仕入税額控除可能としていること

⑨　消費税は形式課税の部分が大きく、帳簿及び請求書等の保存が仕入税額控除の要件となっているので留意すること

第5章

消費税法の規定を超具体的にひも解いてみる

先に述べた通り、消費税法は誰が読んでも同じ処理となることを目指して作られたと言われています。しかし、法律の条文というものは例外なきよう網羅性が求められますから、得てして抽象的な表現になりがちです。そこで、本章では消費税のグレーゾーンを処理するために、消費税法の規定で用いられる表現について、取引に即して超具体的なものにしていきたいと思います。

■1 国内取引をこのように考える

① 国内取引の重要性と意義

　消費税は我が国の内国税なので、課税の対象とする取引は課税売上、課税仕入れともに国内において行われるものに限定されます。このため、いわゆる消費税の課税4要件は最初に「国内において」ということを謳っているのです。逆にいうと、国内において行われないものについては消費税を考える対象とはならないということになります。

　また、消費税における国内取引の考え方には仕向け地課税主義と原産地課税主義があり、前者はどこで消費されるかということに、後者はどこで生産されたものかということにそれぞれ着眼点を置いたものですが、**我が国の消費税は仕向け地課税主義を採っています。**

② 国内取引の範囲

　取引の態様に応じてそれぞれ次のように定められています。ここで国外取引とされるものについては課税4要件を満たさないため、原則的に課税対象外取引とされ、消費税の計算には関係させないことになります。

　(イ) 資産の譲渡又は貸付

　　資産の譲渡又は貸付が行われたときに所在していた場所が国内かどうか

　(ロ) 役務の提供

　　役務の提供が行われた場所が国内かどうか

　　なお、国内と国外との間で行われる運送や通信などについては、出発地（発信地）又は到着地（着信地）のいずれ

<u>かが国内であれば国内取引となる</u>

  (ハ) 電気通信利用役務の提供

     電気通信利用役務の**提供を受ける者の住所等**が国内かどうか⇒仕向け地課税主義による

③ これは国内取引？

  (イ) 保税地域内で資産の譲渡・役務の提供を行った場合

     保税地域は国内にありますから、ここで行われた資産の譲渡・役務の提供は当然に全て国内取引に該当します。

  (ロ) A国からB国へ資産を直送し、会計伝票上だけ国内を経由させた形とした場合

     国内の商社がA国のA社から仕入れたものをB国のB社に販売する際などは通関コスト等の削減のためこのようなことが頻繁に行われますが、これは譲渡を行った場所が国内ではないため、国内取引に該当せず、消費税の課税の対象とはなりません。A国から仕入れたものをB国へ販売する取引が国内取引となるのは、A国から一旦、<u>我が国の輸入手続きを経て</u>、それからB国へ輸出する場合です。

  (ハ) 外航船舶等内で資産の譲渡・役務の提供を行った場合

     外航船舶等が国内の港や空港などに着岸・着陸している状態でこれらの取引を行った場合には国内取引となります。我が国領海や領空を出た場所でこれらの取引を行った場合には国内取引に該当せず（国外取引）、消費税の課税の対象とはなりません。

  (ニ) 当初、国内で貸し付けていたパソコンが国外に持ち出され、以後、国外で使用されることとなった場合

     当初、国内で貸し付けていた期間のリース料は当然に国内取引となりますが、その後、貸付物件を国外で使用され

ることとなった場合には、当初契約において使用場所を特定してあり、その後両者の合意に基づいてなされた場合に限り、その国外移転後は国外取引に該当することとされ消費税の課税の対象とはなりません。このような契約以外により貸し付けられたものについては、当初貸付けの場所が国内であれば、契約期間を通して全て国内取引として取り扱うことになります。

② 取引の事業性をこのように考える

① 取引の事業性の重要性と意義

　消費税の課税４要件の２番目は「事業者が事業として」、つまり、取引の事業性です。これがなければやはり消費税の課税の対象とはなりません。法人の取引は全て事業性ありと判断されますから、この２番目の要件は個人事業者のためのものであることが分かります。個人事業者には事業者としての一面と消費者としての一面がありますから、消費者として行った取引については消費税の課税の対象とはしない旨、規定したものです。

② 事業性の範囲

　(イ)　事業者とは法人又は個人事業者をいう

　(ロ)　所得税でいう「事業」よりは広く、同種の行為を継続、反復、独立して行っていれば所得税では事業的規模とされないもの（例えば雑所得となるようなもの）であっても消費税では事業とされる

③ これは事業性あり？

　(イ)　税理士がゴルフの道具を売却した場合

　　　税理士はゴルフ用品の小売を事業としている訳ではありませんので、このような事業用以外の資産を譲渡しても事業性はなく、消費税の課税の対象とはなりません。

　(ロ)　個人事業者が事業用口座について受け取る利息

　　　個人事業者の生活用口座について受け取る利息は事業性はありませんが、事業用口座について受け取る利息は事業性あり、とされ、課税の対象となります（源泉所得税や利

子割も含め、非課税売上)。

(ハ)　不動産貸付業ではない個人事業者が自身の店舗敷地の空いているところに立っている電信柱の敷地代金を受領した場合

　　　不動産貸付業でない個人事業者が店舗敷地の一部を電力会社に貸し付ける行為は、所得税的にいうと事業として行っている訳ではないのですが、継続・反復・独立して行われていますので、消費税では事業性あり、として課税の対象となります（土地の貸付けに該当するため、非課税売上)。

❸ 取引の対価性をこのように考える

① 取引の対価性の重要性と意義

　消費税の課税4要件のうち、3．対価を得て行われる、という部分と4．資産の譲渡及び貸付け並びに役務の提供、という部分を合わせて対価性と言っていますが、ここが課税4要件について実務上、最も頭を悩ませるところで、グレーゾーンも多く存在します。

> **考察**　なぜ、消費税は対価があるものについてのみ課税の対象としているのかという疑問について仮説を立ててみる
>
> 　租税を課す場合、必ず何に課税するのかということから議論が始まるのですが、課税期間を区切ってその間の取引について課税する場合にはいくつかの考え方が存在します。
>
> 　このような租税は所得税や法人税、消費税が代表的ですが、所得税は課税期間中に増えた純資産と同期間中に行った消費を課税の対象として、担税力への配慮からその獲得原因を10に区分して課税しています（包括的所得概念）。法人税は所得税とは異なり、「消費」がないので、税務上の純資産増加額を課税の対象として課税しています。これらの所得課税の欠点は、景気変動などによって税収が増減してしまうということです。このことについて為政者の立場で考えてみましょう。歳入額が読めず、とても都合が悪そうですね。
>
> 　そこで、税収の見込み額が景気に左右されずにほぼ確

実に分かる税金として消費課税に白羽の矢が立ったのです。国内の消費額については様々な統計が取られており、全体額を先読みすることは容易に可能ということができるでしょう。しかも、食料品や衣料品などの生活必需品は消費の相当部分を占めており、景気の影響を受けにくいのです。ここに課税することができれば、毎年の税収は安定します。言い換えれば、我が国の為政者は税収の安定を求めて消費税を導入・拡大してきたのでしょう。

　こう考えると、為政者が税収を見込むことを困難にし、歳入の安定を妨げる取引を極力、課税対象から排除したいと考えるのは、ごく自然なことといえます。つまり、対価以外のお金が動く取引については臨時性が高いか、動く金額に大きな変動があるものと考えたのではないでしょうか？例えば、配当金については景気変動に左右されますし、損害賠償金や保険金などはそれこそ金額を見込むことは不可能です。寄附金や見舞金などもしかり。

　こうした取引を課税対象から外し、おおよその年間見込み額が確実に読めるもの（つまり、対価性のある取引）だけを課税の対象とすれば、その全体額の10％ないし８％を国家予算の歳入見込み額とすることができます。こうすることによって人口統計などと合わせてみれば数年先の税収を容易に試算することができるので都合がいいのです。

　ここで説明したことは私の仮定に過ぎないのですが、このように考えると為政者はどのような取引を消費税の課税対象としたのかをうすぼんやりではありますが、つかむことができるのではないでしょうか？

② 対価性の範囲

　㈠　商品の販売や役務の提供などの反対給付を受けた金額が対価

　㈡　対価は必ずしも金銭でなくてもよく、債務との相殺、負担付贈与、現物出資なども対価とされる

　㈢　逆に、反対給付のない取引（例えば、損害賠償金、配当金、保険金、寄附金、通常会費、祝い金・見舞金、補助金・助成金など）については対価性が認められないので、消費税の課税の対象とはならない

　㈣　個人事業者が棚卸資産などの事業用資産を家事のために使用・消費した場合には対価は伴わない取引に該当するが、課税の公平性の確保の観点から、対価を得て譲渡したものとみなすことになっている

　㈤　同様に、法人が資産をその役員に贈与した場合にも対価を得て譲渡したものとみなすことになっている

参考 **私は対価性をこのような順序で判定しています**

　1．これは何をしたことの見返りとしてもらった（支払った）ものなのか

　2．これは支払った（もらった）側では対価として処理されるべきものなのか

　3．もし、このもらった（支払った）ものがなかったとしたら、なくなる取引は何なのか
　　⇒例えば、コピー機のリース料の発生がなかったとしたらコピー機のリースという取引がなくなります。これは対価性があるからです。これに対し、保険金の支払いがなかったとしてもそ

れによってなくなる取引はありません。これは対価性がないからです。この「なくなる取引」がないお金のやり取りについては対価性なしと判断できることでしょう。

③ これは対価性あり？

㋑ 棄損した商品について加害者側から支払を受けた損害賠償金

例えば、運送会社が荷主から運送を引き受けた商品を運送途中で棄損し、それについて損害賠償金を荷主に支払った場合などは単なる損害賠償金なので対価性なしとなり、消費税の課税の対象とはなりません。

しかし、八百屋さんの店先に並べてあったリンゴを前を通りかかった人の体が当たったことにより崩れ落ち、キズがついて売り物にならなくなったことについてその人からリンゴの代金の弁償を受けた場合はどうでしょうか？これも普通に考えると損害賠償金ですが、一方で、その人に商品を販売したとも考えられます。このように、棄損した商品が相手の手に渡り、<u>その相手がそのまま、又は軽微な修理などを加えることによって使用・消費することができる状態である場合には対価性あり</u>、として消費税の課税対象とされます。

これがリンゴではなく、ガラス工芸品店の商品を通りかかった人が落としてしまい、こなごなになったことによって代金の弁償を受けた場合には、弁償した人が使用・消費することはできませんから、対価性なしとなります。

㋺ 店舗のショーウィンドウが壊されたことに伴い、加害者

側から支払を受けた休業補償金

　休業補償金は、損害により事業を行うことができない期間について、その期間の収益又は利益を補償する目的で支払われるものです。所得税ではこの収入は事業所得に区分することとなっているため、消費税の対象になると勘違いしがちな部分ですが、これは対価ではないため、消費税の課税の対象とはなりません。

（ハ）　賃貸店舗の契約満了から遅れて物件の明け渡しがあった場合に支払いを受けた遅延損害金

　店舗の賃貸契約が切れ、直ちに物件を引き渡されなければならない場合に、その引き渡しが遅れ、その遅れた部分の損害賠償として貸主に支払われるものであっても、実質的にそれは明け渡しが遅れた期間分の家賃とみることができますから、対価性あり、として消費税の課税対象となります。これは、特許権などの権利が侵害されたことにより収受する損害賠償金も同様です。

（ニ）　「会費」と名の付くもの

　「会費」と名の付くものは実に様々あって、対価性ありとされるもの、なしとされるものが混在します。おおむね、「参加費」「施設の貸付け」「会員サービスの提供」というキーワードがしっくりくるものについては対価性あり、そうでないものは対価性なし、となるように思います。

　・対価性あり、となるもの

　　総会登録費やセミナー参加費などの**当日会費**、ゴルフ場やスポーツ施設などの**会費や入会金、クレジットカードの会費**　など

　・対価性なし、となるもの

　　町内会や商工会その他の任意団体や組合などの**通常会費**

など

㋭　個人事業者の事業廃止の際に売れ残ってしまった商品その他の事業用資産

個人事業者が事業廃止の際に売れ残ってしまった商品については、廃棄すれば消費税の問題は生じないのですが、それを家事転用することとなると**みなし譲渡**となり、消費税の課税対象となります。

このことは商品のみならず、例えば、車両やコピー機、パソコン、店舗建物などの事業用資産についても同じ処理となります。この個人事業者の消費税のみなし譲渡については、2018年11月8日付けで会計検査院が「平成30年度決算検査報告の概要」274ページにて指摘を行い、国税庁に改善を求めたところなので、注意しておきたいところです。

https://www.jbaudit.go.jp/report/new/summary30/pdf/fy30_gaiyou_zenbun.pdf

㋬　法人所有の土地が収用された場合

土地収用法などの法律により土地が収用された場合には、様々な名目で補償金が支払われることになりますが、その補償金ごとの対価性の有無は次のようになります。

・対価補償金　これは収用の目的物の対価そのものですから、対価性あり

・収益補償金　上記㋺同様、対価性なし

・経費補償金や移転雑費　収用を基因として生ずる費用の穴埋めなので、対価性なし

　・移転補償金　これも経費補償金と同じ理由で、対価性なし

> **参 考** 上に建物が建っている土地について収用がある場合
>
> 収用事業者が土地のみを収用の目的としている場合において、その土地の上に建物が建っているということはしばしばあります。収用事業者からすればこの建物はいらないためいずれ取り壊されるのですが、契約の内容によってこの建物に係る補償金の課税関係は変わってきます。
>
> 1. 一旦、建物ごと収用して収用事業者の側で取り壊す場合
>   所有権が収用事業者に移転し、対価補償金が交付されることになりますから、対価性あり
> 2. 所有者側で取り壊して代替資産を取得し、移転費用の補填とされた場合
>   これは単に収用に伴う移転費用の補填と考えられますから、対価性なし（移転補償金）

(ト)　キャンセル料を受領した場合

　　キャンセル料はその性質が2通りあり、どちらの性質を有するかによって取扱いが異なります。それは、1. 逸失利益の補填としての性質と、2. キャンセル事務手数料としての性質です。前者は収益補償金と同じなので前述の通り、対価性はないのに対し、後者はキャンセル事務というサービスの対価ですから、対価性ありとなります。これらの区別がなされていない場合には全体を対価性なしとして取り扱うことになっています。

4 非課税をこのように考える

① 非課税取引の意義と趣旨

　非課税取引は、課税4要件を全て満たしたもの、つまり、消費税の課税の対象とされるもののうち、取引の性質や政策的な配慮によって消費税の課税を行わないこととされたものをいい、別表に限定列挙という形で記載されています。

　別表第一には国内において行われる資産の譲渡等についての非課税が、別表第二には保税地域から引き取られる外国貨物についての非課税がそれぞれ記載されていますが、後者については輸入許可証に納付した消費税等の記載がないことから、課税仕入れにならないことが明らかであり、実務上、ほとんど迷うところがないと思われるため、ここでは国内において行われる資産の譲渡等についての非課税のみ取り上げることにします。

② 非課税取引の範囲

　(イ)　土地の譲渡及び貸付け

　(ロ)　有価証券の譲渡

　(ハ)　預貯金の利子及び保険料を対価とする役務の提供

　(ニ)　郵便切手類や売り捌き所における印紙・証紙の譲渡

　(ホ)　商品券など物品切手の譲渡（自身が発行するものを除く）

　(ヘ)　国等が行う一定の事務に係る役務の提供

　(ト)　公証人が行う役務の提供

　(チ)　外国為替業務に係る役務の提供

　(リ)　社会保険医療の給付等

　(ヌ)　介護保険サービスの提供

(ル)　社会福祉事業等に係る役務の提供

(ヲ)　助産に係る資産の譲渡等

(ワ)　火葬料や埋葬料

(カ)　一定の身体障害者用物品の譲渡及び貸付け

(ヨ)　一定の学校教育に係る役務の提供

(タ)　教科用図書の譲渡

(レ)　住宅の貸付け　　など

③　これは非課税？

(イ)　切手や物品切手を購入した場合

　　　切手類や物品切手の譲渡は非課税とされていますが、こ
れらは１．切手や物品切手の購入⇒２．その切手や物品切
手を対価の決済手段として使用、の２段階にわたって取引
されるものです。このうち、２．については非課税でも何
でもなく、10％がかかる取引なのですが、１．について非
課税としておかなければ、１．と２．を通してお金を払う
のは１回だけですから、その１回の支払いで２度課税仕入
れが計上できることになってしまいます。だから、この１．
の部分は非課税規定を置いておかなければおかしくなるの
でこの部分が非課税とされているのです。

　　　当然、２．の取引があって初めて課税仕入れとなる訳で
すから、商品券を買って誰かにあげたなどというのはやは
り非課税です。自己の事業に使うものについては、２．の
時点で課税仕入れとするのが原則ですが、継続適用を要件
に１．の時点で課税仕入れとすることもできることになっ
ています。

(ロ)　自社発行の商品券

　　　新型コロナウィルス感染症の影響で休業を余儀なくされ

た飲食店が当面の資金繰りの一環として、遠くない将来において○割増しで使用できるプレミアム商品券を販売したとします。この商品券の販売は物品切手等の譲渡として非課税取引に該当するのでしょうか？

　この事例について考える前に、次の取引について考えてみましょう。「この同じ飲食店が当面の資金繰りの一環として、今、1万円を先に預けてもらえれば、遠くない将来において○割増しでサービスを提供するという約束で常連さんから1万円を先に受け取った」。この1万円をどのように処理しますか？

　これはまだ役務提供の完了前、すなわち、権利確定前に頂いたお金ですから、後日、返して欲しいといわれれば返す必要があるものです。つまり、収益ではなく前受金などとして負債計上すべきものとなります。

　自社発行の商品券もこの前受金と同じ性質がありますね。つまり、自社発行の商品券は課税売上とか非課税売上とかいう世界ではなく、単なる負債なので消費税の計算の世界には入ってこない（課税対象外取引となる）のです。このことから、物品切手等のうち非課税取引とされるのは他社発行のものに限られるということが分かります。

(ハ)　税理士事務所がお客様の求めに応じて印紙を有償で譲渡した場合

　印紙や証紙については、印紙売り捌き所に指定されているところで販売される分だけが非課税とされているため、税理士事務所など売り捌き所以外のところで譲渡されたものについては、非課税とはなりません。このような取引について譲渡した側においては課税売上が計上されるものの、それに係る課税仕入れはありませんから、丸々、譲渡した

人が消費税を負担することになってしまいます（購入した側は課税仕入れ）。注意したいものです。

(ニ) ごく短い間、資材置き場として借りていた更地の賃借料

　　建築業などで、1週間とか10日とかのごく短い間、資材置き場や駐車場などとして更地を借りることがあります。土地の貸付けは施設の貸付けに該当しない限り非課税とされていますが、<u>1か月未満の期間の貸付けについては非課税取引から除外</u>されています。従って、支払い側では課税仕入れになるとともに、受領側では課税売上を計上することになります。このことはウィークリーマンションなどの住宅の貸付けにおいても同じ取扱いです。

(ホ) 駐車場の賃借料

　　駐車場の賃借料は施設の貸付に該当するため、原則として非課税取引とはなりません。ただ、舗装してなくて、白線やロープなどで区画表示もされていない、ただの空き地を借りて、「この辺り」に駐車しているだけという場合には土地の貸付けとして非課税取引となるものもあるようです。

　　また、更地を借りてその上に借り手側で舗装するなり白線を引くなりして駐車場とする場合にはその土地の賃貸借については土地の貸付けとして非課税になります（この取扱いは駐車場に限らず、更地を借りてその上に建物を建てる場合の土地の賃貸借も同様）。

　　また、アパートを借りる際に、使う、使わないにかかわらず1部屋に1台分の駐車スペースが割り当てられることとなっている場合にはこの駐車場分も含めて非課税となります（住宅の一部とみる）。ただし、この場合であっても2台目以降の駐車場代は非課税となりません。

5　輸出免税をこのように考える

①　輸出免税の意義と趣旨

輸出免税は課税対象外取引や非課税取引と違い、れっきとした課税売上です。この輸出免税は、我が国の内国税たる消費税を国外の消費者に負担させることのないよう、税率０％で国外に譲渡することとし、それに係る課税仕入れを国外に転嫁されると困るので控除を認めることとしたものです。非課税取引に係る課税仕入れは控除が認められていないため、輸出免税と非課税はこの部分が大きく異なることになります。

この取扱いは事業者に有利に働くため、帳簿保存要件などが整備されています。輸出免税を主な事業とする事業者は恒常的に還付申告となるケースが多いため、この点は気を付けておきたいところです。

②　輸出免税の範囲

(イ)　本邦からの輸出として行われる資産の譲渡又は貸付け

(ロ)　外国貨物の譲渡又は貸付け

(ハ)　国内及び国外にわたって行われる旅客・貨物の輸送

(ニ)　外航船舶等の譲渡又は貸付け

(ホ)　専ら国内と国外又は国外と国外との間の貨物の輸送の用に供されるコンテナーの譲渡若しくは貸付け又はそのコンテナーの修理

(ヘ)　外航船舶等の水先、誘導等

(ト)　外国貨物の荷役、運送、保管、検数、鑑定等

(チ)　国内と国外との間の通信や郵便

(リ)　非居住者に対する無形固定資産等の譲渡又は貸付け

㈾　非居住者に対する役務の提供で一定のもの　　など

③　これは輸出免税？

　㈠　法人Aが非居住者Bに中古自動車を国内で販売し、それを非居住者Bが国内で使用することなく自ら税関で輸出手続きを行って輸出された場合

　　　これは法人Aが輸出物品販売場の許可を取って、許可された販売場で譲渡されたものであれば輸出免税となりますが、そうでなければ、通常の国内における販売ということになり、輸出免税として取り扱うことはできません。中古車を輸出する場合には、当然に登録抹消してから行われる訳ですが、それらの手続きも完了し、客観的に輸出されることが誰の目にも明らかである場合であっても、です。

　　　これが消費税の要件課税たるところで、輸出免税の適用を受けるためにはA社を輸出者とした輸出許可書の保存が要件となっています。非居住者Bの名前で輸出されると、この輸出免税の要件を満たさなくなるため、通常の国内取引と同じ扱いとなるのです。

　　　なお、輸出物品販売場における資産の譲渡についても輸出取引同様、書類の保存要件がありますので、そちらを満たしておく必要があります。

　㈡　船荷証券を国内で譲渡した場合

　　　荷為替手形決済により外国貨物を輸入するときは、その手形を銀行に持ち込み、代金決済を行うとともに船荷証券の交付を受けます。その船荷証券が輸入品の引渡に必要となるのですが、輸入にかかる諸経費（関税や消費税）を支払う資金的余裕がないなどの理由から、船荷証券のまま第三者に譲渡することによってその輸入品を販売するという

のは、ままあることです。

　この場合、その船荷証券の譲渡は国内において行われる訳ですが、この取引は輸出免税なのでしょうか、それとも、課税対象外取引となるのでしょうか？このことは課税売上割合と、当該課税期間における課税資産の譲渡等の５億円の壁を考える上で大変重要な意味合いを持つこともありますから、悩むところです。

　この取引は輸出免税として取り扱われます。なぜなら、この取引は「外国貨物の譲渡」だからです。資産の譲渡はその譲渡時にその資産が存していた場所が国内かどうかによって国内判定を行うのですが、このような取引の場合には貨物が国内に到着していようが、我が国領海の外にあろうが、仕向け地が日本とされている限りは国内取引とされ、輸出免税の対象となるのです。これは、船荷証券の譲渡時にその貨物がどこにあるかを特定するのは困難であることから採られた国内取引の例外的な判定方法です。

　なお、この場合の書類保存要件については、船荷証券のコピーを保存しておくことで足ります。

6　課税仕入れをこのように考える

①　課税仕入れの意義と趣旨

消費税は転嫁税という性質から、流通の各段階で事業者に課税していますが、前の流通段階から転嫁されてきた消費税を差し引いて納めることを認めないと、消費税が雪だるま式に転嫁され、流通段階を経れば経るほどエンドユーザーの負担が重くなります。国は消費税により最終負担者が支払う対価の10%ないし８%が国庫に納められることを想定していますから、このようになっては都合が悪い訳です。

そこで、結果的に最終負担者が10%ないし８%だけ負担すればいいというようにするためにはどうしても最終負担者より前の各流通段階では自己より前の流通段階から転嫁されてきた消費税を控除して納めさせる必要があるのです。この控除される消費税を含んだ取引が課税仕入れであり、我が国の消費税において大変重要な意味合いを持っています。

②　課税仕入れの範囲

(イ)　商品、原材料などの棚卸資産の購入

(ロ)　機械や建物、車両、工具、備品などの購入又は賃貸

(ハ)　事務用品や消耗品などの購入

(ニ)　広告宣伝費、福利厚生費、接待交際費、水道光熱費、通信費などの費用の発生

(ホ)　修繕費や外注費などの費用の発生　など

のうち、消費税がかかるもので、事業に関係のあるもの

③ これは課税仕入れ？

(イ) 神社やお寺から購入した熊手などの縁起物やお札など

　　店舗に飾るための熊手やお札について神社や寺などに支払ったものは対価性があると考えがちですが、宗教施設に対する喜捨金と考えられますから、対価性なしとなり、課税仕入れとすることはできません。

(ロ) 金券ショップで購入した印紙代

　　非課税取引のところで確認した通り、印紙や証紙が非課税となるのはこれらの売り捌き所で購入したものだけですから、金券ショップなどで購入した印紙代については課税仕入れとなります。

(ハ) 自社で消費しない商品券1～お中元・お歳暮として

　　自社発行でない商品券やプリペイドカードなどをお中元やお歳暮などの贈答用として譲渡した場合には、それらの消費がありませんから、非課税となり、課税仕入れには該当しません。

(ニ) 自社で消費しない商品券2～講師謝金として

　　自社発行でない商品券などを研修会などの講師に対して謝金として譲渡した場合はどうでしょうか？これも自社では使わないため、その商品券などの消費による反対給付はありませんが、研修会の講師を務めてもらったお礼なので、その部分で反対給付が発生しています。つまり、役務提供の対価の支払い手段として譲渡するために購入した商品券などは譲渡時に課税仕入れとなるのです。

(ホ) 未経過固定資産税相当額

　　不動産の売買を行う場合、契約書記載の対価とは別に未経過となっている期間分の固定資産税や都市計画税を精算することがあります。

固定資産税や都市計画税は毎年1月1日を賦課期日とし、この日における所有者に一年分の税を課す市町村税です。従って、年の中途で売買を行うと売主が実際に所有していない期間（売主にとっては未経過となる期間）分の税金を負担することになるといった不都合が生じるため、その精算が別途行われる訳ですが、この未経過固定資産税相当額は税金だからという理由で課税仕入れにすることができないのでしょうか？

　税金は対価性がないため課税対象外取引となりますので、それを支出した側では課税仕入れにできません。しかし、ここでいう税金というのは国や地方公共団体に納めるものを指します。

　未経過固定資産税相当額は国や地方公共団体ではなく、買い手から売り手に支払われるものですから、消費税においては**対価として取り扱う**ことになっています。ですから、建物に係る部分は売主の課税売上、買主の課税仕入れですし、土地に係る部分は売主の非課税売上です（買主は課税仕入れにできない）。

　法人税や所得税においても未経過固定資産税や未経過自動車税などは対価として取り扱われ、固定資産の取得価額を構成しますので気を付けたいところです。

① 個別対応方式の意義と趣旨

その課税期間における課税売上高が5億円を超える場合や、その課税期間の課税売上割合が95%未満の場合には非課税売上に係る課税仕入れに対する措置ということで、仕入れに係る消費税額を全額控除するということはできません。これは、非課税売上を計上する者は次の流通段階に消費税を転嫁することができないため、最終負担者という扱いとなり消費税を負担しなければならなくなるので、その非課税売上に対応する部分の課税仕入れが控除できなくなることによります。

そこで、このような場合には課税仕入れを1．課税資産の譲渡等にのみ要するもの、2．非課税資産の譲渡等にのみ要するもの、3．その他（共通対応）、の3つに区別して、1．については全額控除、2．については全く控除することができない、3．については課税売上割合等を乗じた部分だけ控除する、という消費税の原則的な計算方法が適用されるのです。この計算により、2．と3．について控除できなかった部分の金額はその納税者が最終負担者として負担することになります。

② 「課税資産の譲渡等にのみ要するもの」と「非課税資産の譲渡等にのみ要するもの」をこう考える

「課税資産の譲渡等にのみ要するもの」とはどのような課税仕入れをいうのでしょうか？簡単にいうと「課税売上にヒモがつく課税仕入れ」ということになるのですが、実際の判断になると「本当にヒモがついていると考えていいのかな？」などと

考えてしまい、少し心もとない感じがするかもしれません。

　そこで、「～にのみ要する」とか「直接に要した～」「～のために特別に支出した」などといった表現のものを実務において簡単に判断する方法を紹介します。

　それは、**「もし、その支出（課税仕入れ）がなかったらこの収入（課税売上）はなかったであろう」**というものです。この「もし、その支出がなかったら～」という考え方は完全にその収入とヒモが付いていることを示すものといえるでしょう。例えば、「この材料仕入や外注費の支出がなかったら、この製品の売上は実現しない」という事象は至極、当然のことです。この関係を「材料仕入や外注費と売上は直接的な関係にある」といいます。また、課税売上となるもののみを製造している会社の製品を保管しておく倉庫を建てたとします。この倉庫の対価は「この支出がなければ、この課税売上は計上されない」ものになりますね。だから、課税資産の譲渡等にのみ要するものとして差し支えないのです。非課税資産の譲渡等にのみ要するものの判定方法も同様です。

　この方法は税務調査の際にその直接的な関連性を主張する際にも使えますので覚えておいて下さい。

　なお、いつの時点でそのような直接的な関係があったのかということについては、**課税仕入れの時点で判断する**こととされています。「課税資産の譲渡等にのみ要するもの」とされており、「課税資産の譲渡等にのみ要したもの」とされていないのは、課税仕入れの時点で今後、その資産がどのように使われているのかは分からないためとされています。

　ですから、当初、課税資産の譲渡等にのみ要する倉庫として建てたが、５年ほどして非課税の製品の製造を開始し、この倉庫を使ったとしても課税仕入れの時点ではこのような非課税売

上が計上されることは想定していないので課税資産の譲渡等にのみ要するものとして処理すればOKです（課税仕入れから３年以内に非課税の製品だけを保管するという事態になれば調整対象固定資産に係る課税仕入れの調整が行われることになるでしょう）。

③　これはどの区分？
　　(イ)　課税資産である製品を製造する工場の現場事務所や倉庫の電気代

　　　　課税資産である製品を製造する工場の現場事務所や倉庫の電気代については、それらがないと課税売上が計上されませんから、課税資産の譲渡等にのみ要するものとして全額控除することとなります。

　　(ロ)　上記(イ)の工場の本社の電気代（この会社の非課税売上は僅少な受取利息しかない）

　　　　非課税売上が僅少な額しかないとはいえ、その課税期間における課税売上高が５億円を超える場合には、個別対応方式又は一括比例配分方式で控除税額を計算することになります。

　　　　このような場合においては、本社の電気代も課税資産の譲渡等にのみ要するものとして全額控除したいところですが、少額とはいえこの会社には受取利息という非課税売上があります。そのため、この本社部門がないと課税売上が計上されないのは確かですが、同時に、非課税売上も立たないことになります。つまり、課税資産の譲渡等のみ、又は非課税資産の譲渡等のみ対応するものとはいえません。従って、「その他（共通対応）」として、課税売上割合等を乗じたものだけが控除対象となります。

もっとも、課税資産の譲渡等にのみ要する部分と非課税資産の譲渡等にのみ要する部分を合理的に区分することができれば、それに従って区分することもできます。さらに、念には念を入れて、会社の預金は全て当座預金や決済性預金といった利息がつかないものとし、非課税売上をゼロとしてしまうやり方もあります。

　このような趣旨から、当面の決済に使わない資金を定期預金にする代わりに証券投資信託などにすることによって利息（非課税売上）ではなく配当（課税対象外取引）を得ることとしている方もいらっしゃるようです。

(ハ)　従業員の通勤定期代を手当方式から販売方式とした場合

　課税資産の譲渡等のみを行う工場の工員さんの通勤定期代が税込み11,000円とします。この11,000円を通勤手当として支給すると、この通勤定期代に係る課税仕入れは課税資産の譲渡等にのみ要するものとして処理され、この消費税は全額仕入税額控除可能となります。しかし、この定期券を会社が11,000円で買ってきてこの工員さんに同額で販売した場合、つまり、定期券代は工員さんを経由せず、請求書等（この場合、領収書になるでしょうか）に会社の名前が書かれている場合にはどうなるでしょうか？

　定期券については物品切手等に該当しますから、これを販売する行為は非課税資産の譲渡等ということになります。会社が支払う定期代はここにヒモがつき、非課税資産の譲渡等にのみ要するものとして仕入税額控除が不可能となります。このことからも、定期代については通勤手当として直接支給した方がいいようです。

参考　物品切手等の非課税規定などから定期券の

消費税法上の取扱いを調べてみる

（消費税法）

第六条　国内において行われる資産の譲渡等のうち、別表第一に掲げるものには、消費税を課さない。

（消費税法別表第一）

　四　次に掲げる資産の譲渡

　　ハ　物品切手（商品券その他名称のいかんを問わず、物品の給付請求権を表彰する証書をいい、郵便切手類に該当するものを除く。）その他これに類するものとして**政令で定めるもの**（別表第二において「物品切手等」という。）の譲渡

（消費税施行令）

第十一条　法別表第一第四号ハに規定する**政令で定めるもの**は、役務の提供又は物品の貸付けに係る請求権を表彰する証書及び資金決済に関する法律第三条第一項（定義）に規定する前払式支払手段に該当する同項各号に規定する番号、記号その他の符号とする。

★☆★☆★☆★☆★☆★☆★☆★☆★☆★☆★

　乗車券、航空券、定期券などは消費税施行令第十一条に規定する役務の提供に係る請求権を表彰する証書に該当するため、物品切手等として取り扱われます。国際チャーター機の座席を国内において旅行代理店に販売する事業者がその航空券部分の取扱いについて税務署と争った事案があり、その裁決においてもこの航空券部分は非課税資産の譲渡等と認定されています。以下にその裁決書の一部を掲載し

ます（最後のなお書きは自社発行の商品券のことを指しています）。

（2008.4.2、裁決事例集No.75　659頁）

3　判断

　(2)　本件国際航空券取引について

　　ロ　法令解釈

　　　(イ)　消費税法施行令第11条に規定する「役務の提供に係る請求権を表彰する証書」とは、その文書に役務の提供に係る請求権が化体された文書であり、「証書」とは事実の証明に供する文書をいうから、当該文書の所持人に対してその作成者又は給付義務者がこれと引換えに特定の役務の提供をすることを約する文書である。また、消費税法上、役務の提供とは、請負契約に代表される土木工事、修繕、運送、保管、印刷、広告、仲介等のほか、興業、宿泊、飲食、技術援助、情報の提供、便益、著述その他種々のサービスを提供することをいうものと解されるから、航空旅客運送も役務の提供に当たる。したがって、**航空旅客運送に係る請求権を表彰する文書は、消費税法別表第一第4号ハに規定する物品切手等に該当するものと解される。**

　　　　そして、消費税法上、資産の譲渡とは、資産につきその同一性を保持しつつ他人に移転させることをいうものと解されるから、売買契約による財産権の移転は、資産の譲

渡に当たるといえ、物品切手等の売買は、非課税取引である物品切手等の譲渡に該当する。

なお、特定の役務の提供に係る請求権を表彰する証書を発行する行為は、当該請求権の原始的設定行為であって、資産の譲渡とは法的性格が異なるものであるから、物品切手等の譲渡には該当しないものと解される。

㈡　従業員の通勤ガソリン代を手当方式から販売方式とした場合

では、非課税資産の譲渡等のみを行う工場の工員さんが自家用車で通勤している場合の通勤ガソリン代を通勤手当ではなく販売方式とした場合の課税仕入れについてはどのように取り扱われるのでしょうか？

仮に、このガソリン代が税込み5,500円とします。これを通勤手当として支給すれば非課税資産の譲渡等にのみ要するものとして取り扱われ、仕入税額控除が一切できません。

しかし、この工員さんに会社のガソリンカードを持たせて通勤用のガソリンをそれで入れることとすれば、ガソリンスタンドから会社に請求書が来ます。この5,500円のガソリン代をこの工員さんに請求し、給与と相殺します。こののままだと通勤用のガソリン代が工員さん持ちとなってしまうため、同額の5,500円を特別手当として給与に加算して支給します。この場合のガソリンスタンドに支払う5,500

円に係る消費税はどのように取り扱われるでしょうか？

　この場合には工員さんに対するガソリン代の課税売上が計上されますから、これにヒモがつくものとして課税資産の譲渡等にのみ要するものとして処理することとなるのではないでしょうか。つまり、全額控除が可能になると同時に、課税売上割合を大きくする効果が生じます。

　消費税のことだけを考えると、ガソリン代など課税仕入れとなるものについては定期券とは異なり、販売形式を採った方が有利となるようです。

㈱　社宅の建築費

　会社の従業員を居住させる社宅を新築することとしました。この新築の対価については課税仕入れとなりますが、どの区分になるのでしょうか？

　この場合、**家賃を収受するかどうかで変わってくるので**す。

　通常、認定家賃との兼ね合いから家賃を収受することが多いと思われますが、この場合にはこの新築の対価は非課税資産の譲渡等（住宅の貸付け）にのみ要するものとされ、仕入税額控除不可となります。

　ところが、家賃を収受しないこととする場合には原則として「その他」に区分され、課税売上割合等を乗じた金額だけが仕入税額控除とされます。

　なお、国税庁発行の「『95％ルール』の適用要件の見直しを踏まえた仕入控除税額の計算方法等に関するQ＆A〔Ⅱ〕【具体的事例編】」の3ページ目に「なお、従業員から使用料を徴収せず、無償で貸し付けている場合は、原則として共通対応分に該当します」との記載があり、「原則として」という表現が使われています。

https://www.nta.go.jp/publication/pamph/shohi/ kaisei/pdf/gutailei.pdf

これは私見ですが、その社宅に居住する従業員が例えば課税資産の製造を行う工場の工員さんだったりした場合には、家賃を取らなければ課税売上のみ対応分として処理することになるでしょう。

考察 課税仕入れの全てについて「課税売上にのみ要するもの」「非課税売上にのみ要するもの」「その他」に区分するということについて

　私は個別対応方式により課税仕入れを区分する場合、1．まず、課税資産の譲渡等にのみ要するものに該当するかどうかを考える、2．非課税資産の譲渡等にのみ要するものに該当するかどうかを考える、3．いずれにも該当しないものを「その他」とする、という順番で考えています。要するに、課税資産の譲渡等にのみ要する分と非課税資産の譲渡等にのみ要する分は厳密に判定し、それ以外のものは全て「その他」と考えますから、とても簡単で手間いらず、迷うこともあまりありません。

　一方で、消費税法基本通達11−2−18には「個別対応方式により仕入れに係る消費税額を計算する場合には、その課税期間中において行った個々の課税仕入れ等について、必ず、課税資産の譲渡等にのみ要するもの、その他の資産の譲渡等にのみ要するもの及び課税資産の譲渡等とその他の資産の譲渡等に共通して要するものとに区分しなければならない。したがって、例えば、課税仕入れ等の中から課税資

産の譲渡等にのみ要するものを抽出し、それ以外の
ものを全て課税資産の譲渡等とその他の資産の譲渡
等に共通して要するものに該当するものとして区分
することは認められないのであるから留意する。」と
あるので、課税期間中の個々の課税仕入れ全てにつ
いてこの3つに区分することを要請していることが
分かります。

　これについて、私がやっている方式はこの通達に
反するから個別対応方式は使えないのではないか、
と言われることがあります。

　このご指摘には誤解が含まれています。それは、
あるものだけを抽出しておき、残りは全て「その
他」として処理するような手抜きは禁じられている
のではないか、という誤解です。

　おそらく、個別対応方式を規定した消費税法第30
条第2項第一号において、仕入税額控除額の計算に
「イ　課税資産の譲渡等にのみ要するもの」と「ロ
共通して要するもの（つまり、「その他」）」しか出て
こないのでこの通達の波下線を引いた部分が書かれ
たのだと思いますが、この部分の意図するところは
「残りを『その他』として処理するような手抜きをし
てはならない」ということではなく、「非課税資産の
譲渡等にのみ要するものについては仕入税額控除が
全くできない部分だから、これももれなく抽出しな
さいよ」ということだと考えられます。

　非課税資産の譲渡等にのみ要するものがない場合
には課税仕入れが2つの区分にしかされなかったよ
うに見えますが、これは3つに区分した結果、2つ

196

の区分しかなかったということですから当然にこれでOKです。これも一つ一つ区分してあればクリアします。

　また、課税仕入れを３つに区分しようとしたんだけれども、明確に区分できない部分がある場合には同通達11－2－19により、合理的な割合を用いて課税資産の譲渡等にのみ要するものと非課税資産の譲渡等にのみ要するものに按分して区分することも認められています（全体を「その他」として計算することとの有利適用可）。

① 3種類の選択届出書の提出期限

消費税には「消費税課税事業者選択届出書」「消費税課税期間特例選択・変更届出書」「消費税簡易課税制度選択届出書」の3つの選択届出書がそれぞれの選択をやめるときの選択不適用届出書とともに設けられています。これらの選択については、選択しようとする課税期間の初日の前日まで（事業を開始した日の属する課税期間から選択する場合にはその課税期間の末日まで）に提出することとされています。

② この場合の提出期限はいつ？

　(イ) 非課税資産の譲渡等のみを行っていた場合

数十年来、土地の貸付のみを行ってきた個人（免税事業者）が自己の所有する土地の上に建物を建てて2020年5月28日に引き渡しを受け、同年6月1日から事務所用物件として賃貸を開始する運びとなりました。この場合、課税事業者を選択しなければ建物の取得に係る消費税の還付を受けることはできませんが、この還付を受けようとする場合、いつまでに消費税課税事業者選択届出書を提出しなければならないのでしょうか？

選択届出書の提出期限については、適用を受けようとする課税期間の初日の前日というのが原則なので2019年12月31日と考えがちですが、「**事業を開始した日**」というのは**非課税売上のみ計上していた事業者が初めて課税売上を計上する日も含まれる**ため、この個人は2020年中に事業を開始することになります。このため、2020年12月31日が届出

書の提出期限となるのです。

(ロ)　一年を超える会計期間となった場合

　私のお客様で、設立の際、第 1 期目が期せずして一年を超える会計期間となった方がいらっしゃいます。その経緯はこのようなものでした。

　そのお客様がなるべく早く法人を作りたいということで司法書士さんにお願いしていたようです。定款には会計期間を毎年 1 月 1 日から12月31日までの年 1 期とし、付則において第 1 期目は会社設立の日から2020年12月31日までと記載されていました。ここまでは非常によくある話なのですが、このお客様が司法書士さんにお願いしていたのが暮れで、早く、早くとせかしたため、会社設立の日が2019年12月25日となってしまったのです。

　これにより、第 1 期は2019年12月25日から2020年12月31日までの丸一年プラス一週間と、一年を超える会計期間となりました。さて、仮にこの資本金300万円の会社が2020年12月29日にまとまった額の設備投資があるため、この分の課税仕入れに係る還付を受けようとした場合、消費税課税事業者選択届出書の提出期限はいつになるのでしょうか？

2020.1.1　　　　　　　　　　　　　　　2020.12.31

設立 2019.12.25　　　　　　　　　　設備投資 12/29

1 年を超える会計期間

　消費税法第19条において法人の課税期間は事業年度とされています。事業年度は法人税法の用語であり、そこからの借用概念なので、法人税法をみてみることにします。

第十三条　この法律において「事業年度」とは、法人の財産及び損益の計算の単位となる期間（以下この章において「会計期間」という。）で、法令で定めるもの又は法人の定款、寄附行為、規則、規約その他これらに準ずるもの（以下この章において「定款等」という。）に定めるものをいい、法令又は定款等に会計期間の定めがない場合には、次項の規定により納税地の所轄税務署長に届け出た会計期間又は第三項の規定により納税地の所轄税務署長が指定した会計期間若しくは第四項に規定する期間をいう。ただし、**これらの期間が一年を超える場合は、当該期間をその開始の日以後一年ごとに区分した各期間（最後に一年未満の期間を生じたときは、その一年未満の期間）をいう。**

　この条文のただし書き以降に会計期間が一年を超える場合の取扱いが記されています。曰く、「当該期間をその開始の日以後一年ごとに区分した各期間（最後に一年未満の期間を生じたときは、その一年未満の期間）」だそうです。これにより、会計年度が一年を超えるものとした場合でも法人税の申告・納付は少なくとも一年に一度はしなければならないことになります（そうでないと例えば100年を一会計期間と定めて申告しない人が現われる）。

　さて、この規定により一年を超える会計期間をどのように区切るのかということですが、12月末決算法人なので、

「2019年12月25日から同年12月31日まで」と「2020年1月1日から同年12月31日まで」に区切るのかと思いきや、そうではなく端数は最後にもっていくようですから、「2019年12月25日から2020年12月24日まで」と「2020年12月25日から2020年12月31日まで」ということになります。つまり、消費税の課税期間もこの2つの期間に分かれるということになりますから、2020年12月29日の設備投資について還付を受けたいのであれば、**2020年12月24日が消費税課税事業者選択届出書の提出期限**ということになります。

とはいえ、このように1年を超える会計期間が生じてしまった場合、今回の例でいえば2020年12月25日から2020年12月31日までという約1週間しかない事業年度において再び決算・申告を行う必要が出てきますので、第1期目のどこかのタイミングで会計期間を変更するというのが現実的な対応となるでしょう。

私の場合、お客様との話し合いにより4月末日決算とし、第1期は2019年12月25日から2020年4月30日まで、第2期は2020年5月1日から2021年4月30日までとなりました。この場合、2020年12月29日の設備投資について還付を受けたいのであれば、2020年4月30日が消費税課税事業者選択届出書の提出期限になるということを付け加えておきます。

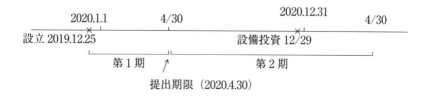

③ 期日などを表すときに使われる法律上の表現〜「経過する

日」と「経過した日」

　以下、選択届出書や不適用届出書の提出制限について触れるのですが、その前に法律の条文において期日などを表す表現について説明します。それは、「経過する日」と「経過した日」の違いについてです。早い話が、**「経過する日」は起算日の応当日の前日、「経過した日」は起算日の応当日の当日**となります。

　例えば、８月２日から１か月を経過する日というと９月１日を指しますし、１か月を経過した日というと９月２日を指すことになります。

　このように、両者の間には一日の差が生じるのですが、我々の仕事は厳格な期限がありますので、一日間違えて理解してしまうととんでもないことにもなりかねません。注意したいものです。

④　調整対象固定資産又は高額特定資産を購入等した場合の選択届出書の提出制限

　次のいずれかに該当することとなる場合には、それぞれの記載のように選択（不適用）届出書の提出が制限されます。なお、この制限期間中に提出されたものについては提出がなかったものとみなされます。

　　(イ)　消費税課税事業者選択届出書の効力が強制される２年間の課税期間又は資本金1,000万円以上の新設法人の基準期間がない課税期間（簡易課税が適用される課税期間を除く）において**調整対象固定資産（※）**の課税仕入れ又は課税貨物の引き取りを行った場合には、その調整対象固定資産の課税仕入れ・引き取りの日の属する課税期間の初日から３年を経過する日の属する課税期間の初日以後でなけれ

ば「消費税簡易課税制度選択届出書」と「消費税課税事業者選択不適用届出書」を提出することができない。

⇒調整対象固定資産の課税仕入れ等の課税期間を含め、3年間は原則課税が強制されることとなり、さらに、選択の効力が強制される2年目に調整対象固定資産の課税仕入れ等を行った場合には都合4年間、原則課税が強制されることになる

（※）　調整対象固定資産…**棚卸資産以外**の資産で、建物及びその附属設備、構築物、機械及び装置、船舶、航空機、車両及び運搬具、工具、器具及び備品、鉱業権その他の資産のうち、一の取引単位の価額（消費税及び地方消費税に相当する額を除いた価額）が**100万円以上**のものをいう。

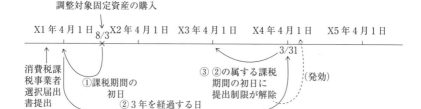

(ロ)　課税事業者が原則課税の課税期間において**高額特定資産**（※）の課税仕入れ又は課税貨物の引き取りを行った場合には、その高額特定資産の課税仕入れ等の日の属する課税期間の翌課税期間から、高額特定資産の課税仕入れ等の日の属する課税期間の初日以後3年を経過する日の属する課

税期間までの各課税期間について納税義務は免除されない。
また、高額特定資産の課税仕入れ等の日の属する課税期間
の初日以後３年を経過する日の属する課税期間の初日以後
でなければ**「消費税簡易課税制度選択届出書」を提出する
ことができない**

（※）　高額特定資産…一の取引の単位につき、課税仕入れ
　　　に係る支払対価の額（税抜き）が**1,000万円以上の棚
　　　卸資産**又は**調整対象固定資産**をいう。

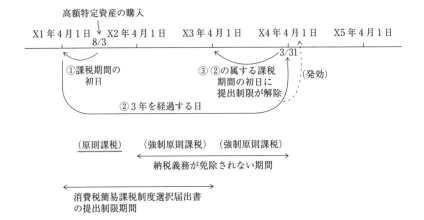

　　参考　なぜ、消費税簡易課税制度選択届出書と消
費税課税事業者選択不適用届出書の提出制限が設け
られているのか？
　消費税法の施行当初は３つの選択届出書及び不適
用届出書には共通した性質がありました。それは、
１．提出日の属する課税期間の翌課税期間（新たに
事業開始した場合にはその課税期間）の初日から発
効し、又は失効する、２．選択届出書の効力は不適
用届出書の提出がない限り、存続する、３．一旦選

択届出書の提出を行ったら、事業を廃止した場合を除いては、2年間は不適用届出書を提出することができない（いわゆる2年縛り）、の3つです。

しかし、ここで確認した通り、消費税簡易課税制度選択届出書と消費税課税事業者選択不適用届出書には提出できない期間があり、課税事業者の選択には2年縛りを超える3年（下手すれば4年）縛りが存在します。このように複雑になってしまった背景にはどのようなものがあったのでしょうか？

このような課程を辿った背景には「**自動販売機設置スキーム**」との闘いがあったのです。

自動販売機設置スキームを簡単にいうと、非課税売上の基となるアパート建設の際、アパートの課税仕入れと非課税売上計上開始の課税期間をずらすことにより、非課税資産の譲渡等にのみ要するものとして本来仕入税額控除を受けることができないはずのアパート建築に係る消費税の還付を受けるというものです。

具体的には、免税事業者が課税事業者を選択してアパートの課税仕入れを行い、その課税期間中にはあえて入居させず、若しくは家賃を免除して、一方では自動販売機を設置し、その手数料（課税売上）だけを計上することによってその課税期間の課税売上割合を95%以上としてアパートに係る消費税の還付を受け、翌課税期間からは非課税売上（家賃）が計上されるけれども、簡易課税を選択することによって自販機手数料に係る僅かな納税を行い、3期目には免税に戻る、というスキームです。

事業開始事業年度	2期目	3期目

X1年3月31日　　X2年3月31日　X3年3月31日
2/10

アパート建築　　入居開始
（入居させない）（非課税売上の発生）
（自販機手数料収入あり）

（原則課税　　　　（簡易課税）　　　　（免税）
　→還付）

　これについて次のようないたちごっこの歴史があるのです。

(イ)　課税事業者を選択したり新設法人を設立したりして課税事業者が強制される2年間に調整対象固定資産の仕入れ税額控除を受けた場合（簡易課税の場合を除く）にはその**課税仕入れの課税期間を含め計3年間は原則課税による課税事業者を強制することにより購入3年目（第三年度）に調整対象固定資産の調整で税の取戻しを図ることとした**

　　　⇒課税事業者の選択ではなく、他の1,000万円超の物件を売却して2年後に課税事業者になった上で自販機設置スキームを行う納税者が出てきた

(ロ)　原則課税の課税期間に1,000万円以上の固定資産（**高額特定資産**）を購入して課税仕入れを行った場合には以後3年間は原則課税による課税事業者を強制することにより第三年度に調整対象固定資産の調整で税の取戻しを図ることとした

　　　⇒今度は金地金の購入と売却を繰り返すことによって通算課税売上割合を大きく

し、税の取戻しを回避するという納税者が出てきた

(ハ) 高額特定資産に該当する住宅の貸付の用に供しないことが明らかな建物以外の建物については**課税仕入れを認めないこととされた**（3年以内に転用した場合や売却した場合には調整計算あり）…2020年10月1日以後の課税仕入れから（経過措置あり）

当初は、一旦、還付をしておいて2年後に3年間の総売上に対する課税売上の割合（通算課税割合という）によって控除すべき金額を計算し、差額を取り戻すという作戦でした。これにより、**3年間の原則課税を強制し、その間は免税事業者も簡易課税も認めないこととした**のです。消費税簡易課税制度届出書と消費税課税事業者選択不適用届出書の提出制限があるのは、このスキームを行った事業者に3年間、原則課税の強制を行い、税の取り戻しを行うためなのです。

なお、この取扱いは現在も存続しています。

⑤ 選択不適用届出書の提出制限期間

消費税の選択届出書の効力はそれぞれの選択不適用届出書が提出されない限り存続し続けることになります。したがって、選択届出書を失効させるには選択不適用届出書を提出するしかありません。

選択不適用届出書の提出制限期間をまとめると次のようになります（事業廃止の場合を除く）。

(イ) 消費税課税事業者選択不適用届出書
- ・（原則）不適用届出書は選択の効力が生ずる日から２年を経過する日の属する課税期間の初日以後でなければ提出することができない⇒翌課税期間から失効
- ・調整対象固定資産の課税仕入れ等を行った場合の届出制限期間がある（前掲）

(ロ) 消費税課税期間特例選択・変更不適用届出書
- ・（原則）不適用届出書は選択の効力が生ずる日から２年を経過する日の属する課税期間の初日以後でなければ提出することができない⇒翌課税期間から失効
- ・一か月ごとの短縮←→三か月ごとの短縮の変更も同様

(ハ) 消費税簡易課税制度選択不適用届出書
- ・（原則）不適用届出書は選択の効力が生ずる日から２年を経過する日の属する課税期間の初日以後でなければ提出することができない⇒翌課税期間から失効
- ・基準期間における課税売上高が5,000万円超となった場合、中小事業者に該当しなくなるため簡易課税制度の適用はないが、**選択の届出の効力自体は不適用の届出を提出しない限りは生き続ける。**
- ・基準期間における課税売上高が1,000万円以下となった場合、小規模事業者に該当することになるため、特定期間における課税売上高が1,000万円以下であれば納税義務がなくなるが、**選択の届出の効力自体は不適用の届出を提出しない限りは生き続ける。**

9 簡易課税の事業区分をこのように考える

① 簡易課税は何のためにあるのか？

　消費税は流通段階を下るに従って次々と転嫁されていく租税ですが、その転嫁に従って消費税そのものが価格に上乗せされ、雪だるま式に大きくなるのを避けるために仕入税額控除を認め、最終的に最終負担者が10%なり8%なりの負担をすることとされています。

　しかし、中小事業者の中には取引の中に消費税が含まれているのかどうかがよく分からない人がいます。自身の販売したもの、つまり、仮受消費税についてはよく分かるけれども、支払ったものの中に含まれる仮払消費税についてはいくら支払ったのかが分からないというのです。こういった事業者の方々は、食料品とか事務用品など請求書や領収書に消費税相当額が記載されているものについては消費税がかかる取引として認識されているのですが、例えば、電車の定期券や航空券、電気代や水道代、保険料やリース料、地代、家賃、借入金の利息など取引額が一本で記載されることが多いもの、記載はされているけれども分かりにくいものが今なお多く存在することから、例え全額控除であっても原則的な消費税の計算方法によることが極めて困難なのです。

　そこで、自身の売上については消費税が含まれる、含まれないということも含めて事業者サイドで分かっていることなので、仮受消費税のみから納付税額を計算する方法を選択することができるようにしたのです。これが簡易課税です。

　この課税方法はあくまで仮払消費税を細かく把握することのできない事業者に限定して適用するとの意向があり、このよう

な事業者は小規模な事業者に多いとされることから、基準期間における課税売上高（現在は5,000万円以下）で線引きを行った上で、この基準を満たす事業者を中小事業者としたのです。この中小事業者に該当する課税期間について消費税簡易課税制度選択届出書を提出し、その効力が認められる場合にのみ適用可能とされました。

② 事業区分とみなし仕入れ率

　簡易課税は原則課税に代えて、仮受消費税のみからその事業区分ごとにみなし仕入れ率を適用して仕入税額控除額を計算する方法ですが、この**事業区分については個々の課税資産の譲渡等ごとに行うこととされており、事業者の帳簿に記載しておくか、事業者が発行する請求書や納品書などに区分が分かるようにしておく方法を採ることになっています。**

　1989年4月1日に消費税が施行された当初は基準期間における課税売上高が5億円以下の事業者を中小事業者とし、また、事業区分についても現在のように細かい事業区分とはなっておらず、卸売業（みなし仕入れ率90%）とその他の事業（みなし仕入れ率80%）の2区分とされており、本当に「簡易な」課税方法でした。しかも、課税資産の譲渡等ごとの判断ではなく、主として卸売業を営んでいれば全体について90%控除が可能だったのです。

　しかしその後、簡易課税は益税の温床との批判が大きくなり、中小事業者の範囲も基準期間における課税売上高が4億円、2億円、現行の5,000万円と縮小され、一方、事業区分についても第3種事業と第4種事業、第5種事業、第6種事業が追加され、次第に増えていきました。これに伴い、事業判定が課税資産の譲渡等ごととされたため、75%基準法（1つの事業又は2

つの事業で課税売上高全体の75%以上となる場合の特例）が整備されたとはいえ、ちょっと「簡易」とは呼び難いものに変わっていきました。

③　原則的な各事業区分のイメージ

　　簡易課税の事業区分は個々の取引に応じて「この場合には第○種事業」「こういった場合には第△種事業」などといったように、とても細かく区分されていますから、少し変化球が飛んでくるとたちまち調べなければ…となってしまいがちですが、物事には「原則」と「例外」がありますから、ここでも原則的な各事業区分のイメージを確認し、枝葉ではない、幹の部分を作っていきたいと思います。

　　㋑　他から仕入れたものをそのまま販売する事業グループ

　　　・第1種事業…卸売業（**販売先が事業者**）

　　　・第2種事業…小売業（**販売先が消費者**）及び**軽減税率の対象とされる農林水産業**（飲食料品）

　　㋺　それ以外のグループ

　　　・第3種事業…農林水産業（第2種事業とされるもの以外）、鉱業、建設業、製造業（加工賃の対価となるものは第4種）、電気・ガス・水道業といった**ものづくり業及びエネルギー業**

　　　・第5種事業…**運輸・金融・サービス業**

　　　・第6種事業…**不動産業**（仕入れた不動産の販売については第1種or第2種）

　　　・**第4種事業…その他の課税売上**（※）

　　　（※）　具体的にいうと、飲食業、加工賃を対価とする役務の提供、**固定資産の譲渡**などがこれに該当する⇒固定資産の譲渡が第4種事業としてみなし仕入れ率

による課税仕入れが認められているのは、第４種事業が「その他の事業」とされているためです。

考 察 何故軽減税率の対象とされる農林水産業が第２種事業となったのか？

　去る2019年10月１日に消費税率が10％に引き上げられると同時に人の飲食の用に供される資産の譲渡（及び一定の新聞）については軽減税率が導入されています。この時にそれまで第３種事業とされてきた農業・漁業・林業のうち軽減税率の対象とされるものについては第２種事業に格上げ（？）されました。

　これにより、これらの資産の譲渡については軽減税率８％が適用されるとともに、みなし仕入れ率も80％と従来より大きな割合で適用されることになったため、優遇のしすぎではないかと思われるフシもあったかもしれません。

　これは、実はこういうことなのです。人の飲食の用に供される農産物、水産物、果物（林業）については、**仮受消費税は８％の税率で計上**することになるのに対し、種苗費や肥料費、機械等の設備費などに係る**仮払消費税は10％で計上**されます。みなし仕入れ率は実際の仮受消費税と仮払消費税の割合にできるだけ近づける必要がある訳ですが、これらの事業については**実際の仕入れ率が上がってしまうため、みなし仕入れ率の改定が行われた**のです。

　これにより、第２種事業は仕入れたものをそのまま消費者に販売するもの（小売業）のみが対象だったのですが、これ以外のものが入り込んできたこと

になります。

　この改定により、これらの事業者の原則課税・簡易課税の有利選択については**従前よりも簡易課税が有利となりやすくなった**ことになります。

④　何を拠り所に事業区分を判断するのかを一言で表すと

　消費税の施行当初は2区分しかなく、しかも、主な業種が卸売業に該当するかどうかで仮受消費税全体にみなし仕入れ率の80%or90%を適用していたのが、今では区分が第6種事業まで拡大し、取引ごとに判定するなど複雑化の一途を辿っています。この事業区分の拠り所を一言で表すとこのようになります。

日本標準産業分類の大分類に独自に調整を加えたもの

　このように考えると、「独自に調整」の部分（③(ロ)において波下線を引いたところなど）だけ押さえておいて、あとは日本標準産業分類の大分類に従って第〇種事業を判断するということになります。なお、日本標準産業分類については総務省の下記サイトから確認することができます。

https://www.soumu.go.jp/toukei_toukatsu/index/seido/sangyo/02toukatsu01_03000023.html

⑤　それでも迷いやすい事業区分の例

　とはいえ、やはり簡易課税の事業区分は実際の取引を前にすると迷いやすいものです。こういう取引については調べながら知識を増やしていくしかなさそうです。

　業種別にいくつか例を挙げてみましょう。

・食料品小売業について、通常販売する商品に一般的に行われる軽微な加工（商品を切る、刻む、つぶす、乾かすなど）を行って同一の店舗で販売する場合には**第2種事業**、加熱行為等を伴う加工を行って販売する場合には**第3種事業**

・飲食店業について、飲食店における飲食サービス及び客の注文により行う出前や仕出しは**第4種事業**、持ち帰り用として販売する場合には**第3種事業**。また、料理代金とは別建てで請求されるサービス料、部屋代、テーブルチャージなどは**第4種事業**

・自動車整備業について、タイヤやオイル交換の商品代金は**第1種事業or第2種事業**で工賃は**第5種事業**、下取り車に板金塗装等を施して販売する場合には**第3種事業**、自動車の修理は部品代金と手数料を区分請求した場合であっても全体が**第5種事業**

・機械や器具の修理について、部品代金と手数料を区分請求した場合であっても全体が**第5種事業**

・理容・美容業については基本的に**第5種事業**であるが、化粧品などの販売については**第1種事業又は第2種事業**

・旅館業について、食事代込の宿泊は全体が**第5種事業**であるが、館内レストランの利用など宿泊料金と飲食代とが区分して領収される場合の飲食代については**第4種事業**

・製造業について、製品等の主要な要因をなす原材料の無償支給を受けて行う製造等は**第4種事業**

・製造問屋については**第3種事業**

・建設工事等の丸投げは**第3種事業**

・建設業のうち、人夫の提供や機械等のみを持参して行う人的役務の提供は**第4種事業**⇒<u>材料仕入があるかどうかで判</u>

断

・自己において使用していた事業用資産等の売却は**第4種事業**

・生命保険外交員に対する報酬は**第5種事業**

・不動産業において仕入れた建物をそのまま販売する場合には**第1種事業or第2種事業**、自身で建築した建物を販売する場合には**第3種事業**、仲介・管理・賃貸については**第6種事業**、自身が固定資産として使用していた建物の譲渡については**第4種事業**

⑥　変わりゆく簡易課税制度の位置づけ

　簡易課税は仮払消費税の把握が困難な中小事業者のために設けられた制度で、仮受消費税だけから納付税額を計算するものです。とはいえ、消費税の施行当初に比べると制度の趣旨や位置づけが変わってきているように思います。それは、原則課税は「損も得もしない計算方法」なのに対し、簡易課税は「損か得をする計算方法」であることによるものです。

　私が会計業界に入った当初（20世紀の終わり頃）、税務署職員が講師を務める研修会では、「簡易課税制度は原則課税による納付税額が計算できない人のためにある訳ですから、単に納税額が少なくなるからという理由だけで簡易課税を選択するのはやめて頂きたい。このことは税理士先生方についても当てはまるので、是非、お汲み取り頂きたい」ということをしきりに言っていました。

　ところが、私の知る限り1997年頃から「簡易課税の採用が納税額を減少させるか否かの検討を怠った場合、税理士の注意義務違反を認定せざるを得ない」という判決が出始め、有利不利によって簡易課税を適用することを裁判所が是認し始めので

す。これにより、当初の簡易課税制度の趣旨は、少なくとも我々会計業界の人間にとっては変わってしまったように思います。

　このことはいい、悪いではなく、社会の要請として当初想定されていなかったことが顕在化したということでしょう。税率が施行当初の３倍超となっている現在、特に気を付けたいことの一つです。

🔟 本章のまとめ

　消費税の規定を理解しやすくするため、様々な要素について具体的にみてきました。これらをアラカルト的にまとめると次のようになります。

① 　我が国の消費税は、国内において行われた資産の譲渡等のみを課税対象としており、取引の態様に応じてそれぞれ国内取引の判定基準を定めている（仕向け地課税主義による）こと

② 　個人事業者については取引の事業性があるもののみ課税対象とされること

③ 　対価性のない取引については課税対象から外されているため、対価性の有無が重要な判定要素となること

④ 　非課税取引は課税4要件を全て満たしたものの中から限定列挙という形で規定されているということ

⑤ 　輸出免税については非課税取引とは異なり、仮払消費税の控除及び還付を認めているということ

⑥ 　仕入税額控除については消費税の納付税額計算において複雑な部分があるため、その考え方をきちんと押さえておくこと

⑦ 　消費税の選択届出は期限までに提出を行い、強制適用期間を認識しておくこと

⑧ 　簡易課税は事業区分の判定が全てと言っても過言でなく、根幹を押さえた上で枝葉の部分は知識を重ねていくこと

　参　考　消費税課税事業者選択届出書を提出する際に忘れてはならないこと

　消費税は、計算こそ楽だけれども、**選択届出関係で失敗して**

賠償責任を負う可能性があるというところが難しいと言われます。実際、税理士職業賠償責任保険の保険金支払い実績を見ても、件数、金額ともに税目別でトップ（2位の法人税の約2倍）です。それだけ複雑で事故が多いということなのでしょう。

さて、この選択届出の中でも特に注意したいのは**消費税課税事業者選択届出書**ではないでしょうか？

この選択届出書は、放っておけば免税事業者に該当する事業者が課税事業者になる時に提出するものです。何故、免税事業者が課税事業者になるのでしょうか？

それは、**消費税の還付を受けるため**です。

この消費税の還付を受けるパターンは大きく分けて2つに分かれます。一つは**恒常的**に消費税が還付となるパターン。これから**輸出を行う事業者**がこれに当たります。もう一つは**臨時的**に消費税が還付となるパターン。**まとまった額の設備投資を行う事業者**がこれに当たります。

これらの事業者はいずれも仮受消費税＜仮払消費税となりますから、その差額が還付されることになります。

しかし、この時に気を付けておかなければならないことがあります。それは、<u>過去に提出した消費税簡易課税制度選択届出書の効力が生きていないかどうか</u>ということです。

今は免税であっても、過去に課税事業者だった際、簡易課税制度を適用しており、その選択届出がそのままになっていたら、せっかく課税事業者選択届出書を提出して課税事業者になったとしても、基準期間における課税売上高は1,000万円以下であるため、原則課税ではなく簡易課税となってしまいます。これでは還付を受けるどころか、納付しなければならないこととなり、大変なことになってしまいます。

こういった悲劇を避けるために、消費税課税事業者選択届出

書を提出する場合には次のアクションを忘れずに行うようにしましょう。**これでこのような悲劇を確実に回避することができます。**

1. 事務所で確実に簡易課税の選択がされていないことの確認を行う
2. 上記1.の確認ができなければ、所轄税務署に確認する
3. もしくは、「**消費税課税事業者選択届出書**」と「**消費税簡易課税制度不適用届出書**」はセットと考え、簡易課税の選択届出がされていようがいまいがこの2つを同時に提出する

第 6 章

グレーゾーン取引と解決のヒント１〜役員関係の取引

この章では、私が経験したグレーゾーン取引とそれに対するアクションについて紹介します。必ずしもこれが正解、という訳ではありませんが、税法の趣旨を踏まえて理論武装をする格好となっています。

それでは、実務で問題となりやすい役員との取引関係のグレーゾーン取引から見てみることにしましょう。

【役員との取引関係の問題の整理】

① 問題となる取引の種類

会社と役員との損益に関係する取引で出てくるのは、1.通常の役員給与、2.役員退職金、3.役員給与以外の対価、の3つです。

② 判断ポイントの3つの視点

同族会社の中小法人において会社と役員との間で行われる役員給与以外の取引について問題となるのは、「**会社から役員に支払うべき事実が発生しているのかどうか**」ということと、「**高い、安い**」ということです。

こういった取引は指摘されてからでは遅い場合がありますので、やはり、処理するときに次の3つのことに気を付けなければならないでしょう。

1. 何故、このような取引を行ったのか（**取引事実の正当性**）

2. 何故、このような処理をしたのか（**損金算入の正当性**）

3. 何故、この金額が社会通念上相当と認められる範囲といえるのか（**金額の正当性**）

以下、この3つの正当性の視点を意識しながら解説することとします。

◼1 役員給与

① 「別段の定め」の要約

　役員給与は、会社の資金を完全に、又は相当程度自由にできる役員自身が自分に対して支払われる給与ですから、ともすればこれを利用して簡単に利益操作することができます。また、決算対策と称して決算の数ヶ月前くらいから役員報酬を引き上げることにより法人税の負担を軽減することもできます。それを防止するため、別段の定めを設けています。また、役員給与は労務の対価ではなく会社経営の委任の対価であると考えられることから、出勤日を支給額の算定要素に入れるという考え方はなじまないとされています。

⒤　役員給与は原則損金不算入

㋺　１．定期同額給与、２．事前確定届出給与、３．利益連動給与の３つ（同族会社については１．と２．の２つ）だけが損金算入となる

㈁　使用人兼務役員については職制上、使用人としての地位の分の賞与については、他の使用人と基準や支払日を同じくすることなどの要件をクリアすれば損金算入

㈢　不相当に高額な部分の金額は損金不算入

② 私の経験事例

⒤　臨時株主総会で役員給与を改定した場合、定期同額給与になる？

　３月末決算法人が、通常５月下旬に定時株主総会を行っているところ、４月上旬に臨時株主総会を開催し、そこで役員給与の増額を決議し、４月から役員給与を引き上たい

とお客様からいわれたのですが、この引き上げた部分は定期同額給与として損金算入できるのかどうか悩んでしまいました。

　法人税法施行令第69条第1項第一号イにおいて「当該事業年度開始の日の属する会計期間開始の日から三月を経過する日まで（定期給与の額の改定（**継続して毎年所定の時期にされるものに限る**）が三月経過日等後にされることについて特別の事情があると認められる場合にあっては、当該改定の時期）にされた定期給与の額の改定」は改定前、改定後ともに損金算入とされています。

　この表現は、定時総会以外の総会で決議した場合、開催時期の継続要件を満たさない恐れがあるように読めます。そうなると、4月の増額分はもちろん、5月以降の増額分も「継続して毎年所定の時期」の要件を満たしていないことから、ひょっとすると定期同額給与に該当せず、損金不算入となる可能性もあると考えました。

　そこで、法令では「定時総会で改定しないさい」とは書かれていないまでも、「役員給与Q&A」において役員の任期との関連を繰り返し言っていますので、やはり定時総会で決議すべきこと、とお客様に説明しました。

　その上でどうしても4月分から改定したければ、3月決算を4月中に仕上げてしまい、以降、4月に定時総会を行うようにしましょう、と提案し、実行

しました。

　余談ですが、私の事務所のお客様は3月決算法人が多いため、4月の早い時期に決算を終えて頂けるようになり、そういった面でも助かりました。

㈹　期末から役員給与を引き上げたいと言われた場合

　2月末決算法人が、2月にとてつもなく大きな仕事が入るということで、そこから社長の給与を引き上げたいという相談がありました。もちろん、決算月である2月に役員給与を引き上げてもその増額分は定期同額給与に該当しないので法人税の軽減効果はないということを説明しましたが、どうしても何とかして欲しいと頼まれました。

> ┃私はこのようにしました┃
>
> 　2月に大きな仕事が入る訳ですから、事業年度を変更して1月決算法人としました。それで2月に決算を終えるようにし（定時総会）、2月から役員給与を増額する旨の決議をして頂きました。こうすることによって2月の大きな売り上げに対して向こう1年間の役員給与増額の効果が及ぶことになります。
>
> 　しかし、税金対策に「私利私欲」を匂わせる理由づけはご法度ですから、「結果的にそうなった」ということを後々強調できるようにしておきたいと考えていたため、事業年度変更前から社長とストーリーを考えておいたのです。
>
> 　それは、大きな仕事に対応するための組織体制の見直しです。

2月のその大きな売り上げに対応するために○○事業部を立ち上げ、新しい会社に生まれ変わるから、その生まれ変わる前に事業年度を一旦区切った。そして、その大きな事業を遂行するに当たり、取締役の責任は重くなるから役員給与を引き上げた、というところにもって行ったのです。

　　こうすることによって、確かに2月の大きな仕事の売り上げ対策で事業年度を変更したのではありますが、その行為の正当性が確保できたと思っています。

　　やはり、税金対策は余裕のある時期から時間をかけてストーリーを作っておくのが王道だと、改めて思いました。

(ハ)　医療保険料の年払い

　　あるお客様（社長）が知り合いの生保会社の営業マン（社長の先輩筋にあたる方）に頼まれて社長個人契約で医療保険に加入されました。この契約は契約者＝被保険者＝給付金受取人＝社長個人となります。

　　社長の個人通帳は奥様が管理しておられ、ただでさえ生保加入件数が多いのにこれ以上加入すると奥様に怒られるため、会社の口座から引き落とすこととしたようです。これに加え、少しでも保険料を安く抑えたいということで年払いの契約とされました。役員に対する貸付けとして処理しようにも、返済のメドが全くないので、会社で経費処理してほしいと頼まれました。

　会社で経費処理することについては、役員給与として処理するだけなので簡単なのですが、せっかくなので少しでも損金算入できる額が大きくなればいいな、と考えました。

　法人税法施行令第69条第1項第二号には「継続的に供与される経済的な利益のうち、その供与される利益の額が毎月おおむね一定であるもの」は定期同額給与に該当するとあり、さらに、2007年3月13日付法令解釈通達の趣旨説明において「なお、定期同額給与に該当する経済的利益の供与に関連して、例えば、法人が役員にグリーン車の定期券を支給している場合でその定期券が6ヶ月定期であるときや、**役員が負担すべき生命保険料を負担している場合でその保険料を年払契約により支払っているとき**については、これらの支出が毎月行われるものでないことから、その供与される経済的利益の額は定期同額給与に該当しないのではないかとの疑義を抱く向きもあるようである。しかしながら、その供与される利益の額が毎月おおむね一定かどうかは、法人が負担した費用の支出時期によるのではなく、その役員が現に受ける経済的利益が毎月おおむね一定であるかどうかにより判定することとなる。したがって、上記のように、法人の負担した費用が、その購入形態や支払形態により毎月支出するものでない場合であっても、当該役員が供与を受ける経済的利益が毎月おおむね一定であるときは、**定期同額給与に該当する。**」とあります。それにより、初年度の保険料年

払い分は事業年度開始後3か月以内の加入・支払で
はなく、定時株主総会の議決も経ていなかったため
全額損金不算入としましたが、2年目を迎えるにあ
たって定時株主総会の議事録にその旨を記載した上
で、全額損金の額に算入しました。

2　役員退職金関係

①　「別段の定め」の要約

役員退職金は通常の役員給与同様、同族会社においては役員自身が金額を決定することができるため、利益操作の手段とされないよう、別段の定めをおいています。

(イ)　役員が実際に退職し、それに基因して支払いが決定していること（分掌変更等の場合には注意）

(ロ)　株主総会の決議等により支給額が確定していること⇒債務が確定した日、すなわち、その決議のあった日の属する事業年度の損金となる（要損金経理）。ただし、実際に支給した日の属する事業年度において損金経理したときはその支給事業年度の損金とすることができる。

(ハ)　その役員の業務従事期間、退職の事情、同規模同業他社の支給状況などからみて不相当に高額と認められる部分の金額は損金不算入となる

②　私の経験事例

(イ)　生命保険金の益金計上時期と死亡退職金の損金算入時期

３月末決算法人において、社長が３月30日に急に病死されました。この会社には、自己を契約者及び保険金受取人、この社長を被保険者とする１億円くらいの生命保険契約がありました。株主、取締役ともこの社長お一人だったのですが、この生命保険金の益金算入時期と、役員退職金の損金算入時期はどのようになるのでしょうか？

決算日直前の死亡ですので、社長のご遺族が遠方にお住まいだったこともあり、生命保険金の請求も株主総会もそ

の事業年度中にはできない状況でした。

私はこのようにしました

　まず、死亡保険金の益金算入時期は次のどれでい
くかを考えました。

　1．死亡の時

　2．保険金請求の時

　3．保険金支払通知があった時

　4．保険金が実際に入金した時

　権利確定主義で考えてもこれにはいくつかの正解
があることになります。最も保守的な権利確定主義
は1．の死亡の時ですが、実際には保険金は請求し
ないと支払われることはありませんから、支払要件
である2．の請求の時ということもできるでしょう
し、請求したからといって必ず入金するかというと、
告知義務違反などで支払われないこともあるので3．
の支払通知があった時とするのもこの場合には権利
確定主義の考え方に沿わない方法とはいえません。

　今回の事例では、役員退職給与は死亡された日の
属する事業年度の損金の額に算入することはできま
せんから、何とかその翌事業年度の益金としたかっ
た訳です。

　そこで、原則は1．であることは知りつつも、複
数ある死亡保険契約のうち一つが死亡の半年前くら
いに加入されたものであり、それが保険金支払いの
調査対象となっていることを知らされた（多分、自
殺でないかどうかの確認だったのだと思います）の
で、そのことを税務署との協議で持ち出すと、調査

結果次第では保険金の支払いが行われない可能性が決算日時点でゼロではないということで、翌事業年度の益金算入ということとなりました。

これにより翌事業年度に死亡保険金の益金と役員退職金の損金が計上され、原則通りに益金を計上した場合に比べ税負担がかなり少なくなりました。

(ロ) 退職金の多寡

役員退職金について常に頭を悩ませるのは、その金額の多寡です。上記の例でもやはり金額をいくらにするかということを奥様をはじめ、ご遺族の方とお話しをさせて頂きながら決めていきました。当時、社長の最終報酬月額は120万円、在職年数は8年ちょっとで、創業者でした。

私はこのようにしました

創業者であり、**創業当初に発生した巨額の損失を僅か2年半で埋められた**こともあり、功績倍率は3.2倍で計算し、退職金は120万円×8年×3.2倍＝3,072万円、業務外の死亡なので弔慰金は120万円×6か月＝720万円の合計3,792万円としました。

その後、後継者がいないため、奥様が株主兼取締役となられ、会社を清算されました。この清算前に税務署から計算根拠の問い合わせが電話でありましたが、ありのままのことをお伝えすると、特に何も言われませんでした。

❸ 役員に対する対価（役員給与以外）

① 「別段の定め」の要約

役員に対する地代家賃、支払利息、賃借料など、役員給与以外の対価については特に取り立てて別段の定めを置いていません。そうなると、法人税法第22条に戻って正しく会計処理をしてあれば原則通り損金の額に算入・・となる訳ですが、これも不相当に高額な対価とした場合、その不相当に高額な部分の金額は役員に対する給与ということとなり、その部分は損金不算入となります。

この場合、役員個人に所得税が課され、両方に税負担が及ぶこともあります（いわゆるダブルパンチ）。

② 私の経験事例

(イ) 債務名義が異なる資金の借入金利息

社長が相当の規模の娯楽施設（スーパー銭湯）を建設して運営したいと言われ、その資金を通常の金融機関ではないA社から調達されました。

A社からは法人名義でしか借りることができないらしく、契約書はA社と会社との間で取り交わされていたようです。しかし、お金はA社から社長個人の通帳に入金されていました。

これについて社長は、**A社から借りたのはあくまで社長個人で**、規約上、法人名義で申し込みをしなければならなかったため、便宜的に会社の名前を出しただけ、との認識をお持ちでした。確かにA社から借りたお金は入金後、そのまま右から左に会社の口座に振り込まれています。

このお金を会社では社長個人からの借り入れということで役員借入金として処理し、毎月、返済元金に加え、利息を計算して社長に支払っておられました。

　社長個人はA社の正体を私にも知られたくないとのことで、通帳の振込元も指で隠したままで、契約書も見せて頂けませんでした。

私はこのようにしました（失敗談？）

　何故社長がA社からの借り入れとせず、社長個人からの借り入れとされたかったのかは今もって分かりませんが、科目内訳書などにA社の名前が出るとまずいと思われたようでした。

　一応、社長の個人通帳を通っていることは確認できているので、社長の要望通り、役員借入金として処理することとしました。しかし、役員への利息の支払いはいかがなものかと申し上げたところ、役員借入金として計上するのだから問題ないだろうと押し切られ、否認のリスクを説明の上、会社では損金、社長個人では雑所得に計上して確定申告をしていました。

　しばらくして税務調査が入りました。

　この借入金利息については債務名義が個人ではなく、法人であることを先方がつかんでおり、社長個人から会社への貸付けの実態がないということで全額否認されました。

　結果として、青色欠損金があったため、会社の追徴税額は数万円でした。それに伴い、社長個人の雑所得がなかったものとされたため、社長個人の所得

税に更正が入り、その追徴税額を大幅に上回る還付金額がありました。

最終的には、国からお金を頂ける調査となったのですが、何ともいえない結末を迎え、複雑な気分だったのを思い出します。

(ロ) 法人成りした初年度の決算対策

個人事業者が法人成りした初年度には、開業して間もなく定期同額給与を定めますが、この時の通期計画からかなり実績が上振れして思わぬ利益が出ることがあります。

結果的にはもっと役員報酬が取れたことになるのですが、決算数ヶ月前になって改定しても何の税効果もないため、社長個人に対する賃貸料を支払うことにすることがあります。例えば、地代家賃や自動車・パソコン・工具などの賃借料です。さらに、これを年払い契約として向こう一年分支払い、短期前払費用として全額その期の損金としてしまうのです。

この場合、もし他の業者から借りて来たらいくらくらいになるのかということを参考に対価の額を決めてもらうことになるのですが、次のようなものの賃借料の額はどのようにすればいいか悩みました。

1. 特殊なトラックで、一般に、借りると一回1万円くらいだが、前所有者がたたき売りしたのを40万円で買ったもの（年間100回は使う）
2. 買って7年ほど経過しているため、耐用年数が過ぎているパソコン
3. 社長の親族（個人）名義の家屋及びその敷地を社長が

会社にまた貸しする場合（社長とその親族間は使用貸借）

私はこのようにしました

1．については、**社長個人がいくらで調達したかは会社には全く関係がないので**、1回1万円、100回使えば100万円で計上します（短期前払費用不可）。

2．については、通常、耐用年数を過ぎたあたりから再リースとなり、1月分くらいのリース料で1年間貸してもらえるようになります。これに倣って、**通常のリース料月額くらいの金額を1年分**とします。

3．については上記(イ)の貸付金利息の件もあるので、基本的にお勧めはしません。

社長に対する地代家賃を取って損金にしようとしたならば、この不動産は社長のものではないため、会社と社長の間はもちろん、社長親族と社長との間でも使用貸借契約を結び、契約書を交わしておく必要があるのですが、その使用貸借に大義や必然性がない場合には租税回避とみられるというフシもあるでしょう。

もちろん、使用貸借ではなく、その親族の方に相当額の地代家賃をお支払いするというのであればやぶさかでないのですが、「私利私欲」が見え隠れする節税方法はどうしてもお勧めする気になれませんね。

---

❹　役員関係の福利厚生費・接待交際費

① 別段の定めの要約

　役員関係の福利厚生費や接待交際費については、役員のものだから特にこのように取り扱うものとする、という別段の定めはありませんが、会社や事業とは関係が認められず、役員個人に対する支出という認定を受けた場合には役員給与とされます。

　これが定期同額給与に該当しなかった場合又は不相当に高額な役員給与と認定された場合にはその部分は損金不算入となります。また、社長個人においては給与所得の収入金額に算入されますから、ダブルパンチとなります。

② 何故、役員関係の福利厚生費・接待交際費に「？」が付くのか

　㈠　役員は会社の経営について意思決定が自由にできるため、いわゆるお手盛りの取引を行うことも可能だから

　　　会社の取締役は株主から会社経営を委任され、会社の財産を自由に動かす権限が与えられています。そのため会社の財産を自分自身のために使うこともできる訳です。

　　　自由経済の我が国においてそのような取引は背任に当たらない限りは合法となる訳ですが、税の世界ではそのような「お手盛り」と取られる取引については課税の公平を図るため、役員給与と同様に一定の制限を設けているといえます。

　　　特に中小零細企業においては役員と株主が同一である場合も多いため、このような取引は実に容易に行うことができるのでことさら問題になりやすいのです。

㈹　税務当局と会社・役員は「課税する側」と「課税される側」という相反する関係にあるから

　　税務当局と会社、役員個人の関係を考えてみると、税務当局は「課税する側」、会社とその役員個人はいずれも「課税される側」という関係にあり、**会社と役員個人はいずれも税における利害関係が一致する**のに対し、**税務当局の利害はそれに相反する**ため、税における利害関係が一致するもの同士で意図的な所得移転があったと考えられる取引については税務当局も目を光らせざるを得ません。

㈻　会社から役員に経済的利益が移転するにもかかわらず、その支出については会社、役員個人ともに課税を行うことができないから

　　税を徴収する立場から考えると、このようなお手盛りの取引を単純損金として認めてしまった場合、会社にとっては損金なので法人税額を減少させる原因になります。それと同時に役員個人の給与認定をすることもできないため、個人に課税を行うこともできません。結果、いずれからも税の徴収ができないということになってしまいます。

　　このことを逆に捉えると、役員給与として認定することができれば法人、役員個人の両方に課税を行うことができ、ダブルパンチとすることができる訳です。

㈼　これを無尽蔵に認めると税の抜け道に利用されかねず、税の安定性・公平性が損なわれるから

　　このようなお手盛りの取引が横行すると、役員であることをいいことに給与課税を逃れ、さらに会社の税負担を抑制するための手段として多用されてしまいます。

　　このことは、会社の損金の範囲についての税の安定性や公平性を欠く原因となる恐れがあるということになるので

す。

③　私の経験事例

　⑴　民宿玄関口のガーデニング

　　　民宿業を営むB社長は、ガーデニングや盆栽が趣味で、その道では地元でも有名な方です。このB社長は、自宅兼事業所がある敷地の門から玄関までの間約15メートルをガーデニングや盆栽の置き場所としていらっしゃいます。

　　　本当は単なる趣味によるところがほとんどだと思われるのですが、社長の希望によりその費用は全て販売促進費として損金処理しています。ある日、税務調査が入ってこの支出は社長個人の支出でないのかという指摘がありました。

> **私はこのようにしました**
>
> 　民宿は社長の自宅と事業所が同一の場所にあるため、社長のプライベート用のものと事業用のものとが混在し、グレーゾーンも多くなりがちな業種です。
>
> 　このガーデニングや盆栽の費用もまさしくグレーゾーンなのですが、そのガーデニングや盆栽が置かれている場所は表玄関で、お客様が民宿に出入りされるときに通るところだったもので、次のように説明しました。
>
> 　「あのガーデニングや盆栽は、客商売である民宿業だからこそお金をかけて整備しているものです。**もし、民宿業を営んでなかったら出てこないであろう支出**なので経費計上しているんです。」
>
> 　この件については税務署側もこれ以上問題とすることはなくそれで終わったのですが、5つの武器で

紹介した「もし」の仮定により救われた一件だったと思います。

㈢　社長だけが参加した海外旅行の費用

　ナポリ風ピッツァを看板とするイタリア料理店を営むある会社で地元の商工会が主催した上海視察旅行（3泊4日）に社長だけが参加されました。

　日程表をみてもはっきり言って単なる観光旅行なのですが、この旅行の参加費15万円を研修費として処理して欲しいと言われました。

私はこのようにしました

　社長は上海料理を参考にできるかも、ということで参加した旨を強調されるのですが、必然性が非常に弱いので、「なぜ上海でなければならなかったのか」を説明できるようにしておいた上で、商工会でそういう割安となるツアーがあったからそれに参加し、単純損金（研修費）として計上したというところにもっていけばどうか、ということをお伝えしました。

　そこで、後付けになるのですが、一応、税務調査に備えてストーリー作りだけはしておこうということになり、社長に上海で見てきたもの、手に入れた情報や人脈、食べたもの、お土産などを日程表を見ながら一つずつ聞いていきました。そこで次のことが分かりました。

　1．その旅行には同じ地区の冷蔵設備販売・リー

ス会社の社長（その商工会の相談役のような方）が参加しておられ、ツアーにはその方の販売しておられる冷蔵庫の製造工場（仕入先）の見学が入っていたこと

2．上海のイタリア料理店に入った際に珍しい味がするピッツァがあったため、どんなチーズを使っているのかを店員に聞いてきたこと

1．については、その冷蔵庫会社の社長は取引先で、そこの社員さんにもお店にたまに食べに来てもらえるとのことでしたので、地域のご意見番である社長の仕入先の会社に行かない訳にもいかず、かつ、自分の店で使っている冷蔵庫の生産過程を見てくるためということで「上海でなければならない理由」としました。

2．については、チーズは何種類か聞いてきて、中国産のものとドイツ産のものだったが、ドイツ産のものは入手できそうだということだったので、できれば一回仕入れてみて使ってみては、という提案をしました。

その上で、往復の渡航費用と工場見学及び料理店視察に要した1泊分（日帰りは明らかに無理なので）のホテル代（按分計算）のみを研修費用として損金計上しました。

幸いにして、この事案には税務調査が入りませんでしたが、ストーリー作りは事前にやっておくに限ると痛感しました。税務調査があったら、どこかでボロがでていたかもしれません。**後付けのストーリーにはどうしても無理が生じるもの**です。

(ハ) 社長だけが受けた人間ドック

　ある会社で社長だけが受診した人間ドックの費用25万円ほどを会社の単純経費（福利厚生費）として申告して欲しいと言われたことがありました。

　この会社は社員10名くらいの土木建築業者で、社長が当時45歳で最年長という若い会社でした。何人かで受診したのであればともかく、社長だけ、というところが気にかかり、給与課税を受け、ダブルパンチを受ける可能性が高いことを説明しましたが、どうしても、ということでした。

私はこのようにしました

　決算時に社長と「なぜ社長だけなのか」ということについて合理的なストーリーを作っておかなければならない旨を話し合い、「45歳、50歳、55歳、60歳の者については人間ドックを受診しなければならない。なお、その費用は全額会社の負担とする」とした社内規定を作成しておきました。

　こうすることにより、役員だけを対象としている訳ではないけれども、たまたま該当者が社長しかなかった、という状態を作り出したのです。

　なぜ45歳からなのかということについては常識的な判断ということで通ると考えました。もちろん、この場合には次の従業員が45歳になったときもその従業員について人間ドックを受診させなければならないことを強調しておきました。

第 7 章

グレーゾーン取引と解決のヒント 2 〜その他の取引

① 売上の計上時期～建築物の引き渡しの時期

　ハウスメーカーは住宅の建築を請け負い、その建築物を施主に引き渡した時に売上を計上することとされています。

　住宅の場合には施主へのカギの引き渡しをもって物件の引き渡しとすることが多いようですが、次のような場合にはいつの時点でどの売上を計上すべきでしょうか？

1．住宅は完成しカギは引き渡しているが、追加工事が出た場合

2．住宅は完成しカギは引き渡しているが、住んでいる部屋の下に車庫があり、この部分は工事が終わっていない場合

3．住宅は完成しカギは引き渡しているが、施工のミスで電気工事がまだ終わっていない場合

私はこのように引き渡し時期を判定しています

　商品や請負物などの引き渡しがある取引についてはどうして引渡し基準が採用されているのでしょうか？

　それはもちろん、発生主義によって収益や費用・損失を計上しなければ現金主義によって計上することとなり、意図的に収入や支出の時期をずらすことによって計上時期を操作することができるようになるのを防ぐため（恣意性の排除）ということが挙げられるのですが、もう一つ理由があります。

　それは、引き渡し時に発生した**売上債権が法律によって保護され、入金の可能性が高いと類推される**ということです。このため、不法所得については、引き渡し又は役務の提供が完了していても、未収入の部分については法による保護がないため、入金が完了している部分のみを売上に計上することとされています。

私自身は、このような引渡し基準の趣旨を考え、上記の場合にはそれぞれ次のように判定しています。

　１．の場合には追加工事ということで完全に別契約となっていますので、本工事の部分は売上に計上しなければならないでしょう。

　２．の場合は契約が母屋と車庫の部分が同一のものとなっていても、実際にはカギを引き渡して既に住める状態になっている訳ですから、工事見積もりなどの明細から車庫の部分以外のところを売上計上し、車庫の部分について未成工事支出金を計上しています。なぜなら、もし、この時点でこの車庫の部分が要らない、となり、違約金が発生することになったとしても、母屋の部分については債権が確定していると考えられるからです。

　３．の場合は施工側のミスで電気工事が終わっていないが、カギは渡したということです。この場合は判断が分かれます。なぜなら、カギを渡したが、住める状態にあるのかどうかということがあるからです。

　通常、電気がないと夜は明かりがつきませんし、今どきの家は給湯から冷暖房に至るまでオール電化という家が多いと思いますから住むことはできないということであれば、カギは渡っていても施工側のミスで住めない訳ですから**この時点での請求は通常、できる訳もなく、権利はまだ発生していない**と考えられます。従って、この場合には売上げに計上せず未成工事支出金を計上するやり方もあると思います。

❷ 税込経理と税抜経理

　消費税は同一事業年度であっても課税期間を短縮して１か月又は３か月ごとに確定申告することができることとされており、また、免税事業者が自らの意思で課税事業者を選択することもできます。

　そこで、免税事業者が事業年度の途中で課税期間を短縮し、その短縮前は免税事業者、その短縮後は課税事業者の選択により課税事業者となった場合、同一事業年度に免税事業者である期間と課税事業者である期間が併存することとなりますが、この場合の税抜経理はどの期間について認められるのか悩みました。

私はこのように判定しています

　事業年度の途中に相当規模の設備投資計画が持ち上がった場合や、輸出取引を開始した場合などにこのようなことが起こります。このように同一事業年度に免税事業者である期間と課税事業者である期間が併存する場合にはどの期間について税抜経理が認められるかを考える前に、税込経理と税抜経理の趣旨を考えてみることにします。

　税込経理又は税抜経理によって消費税の納付税額が変わる訳ではありません。では、何のためにこれらの経理方法があるのかということになりますが、ズバリ、所得計算のためです。このことから、税込・税抜経理は所得計算の手段だということが分かります。

　それでは、その所得計算の手段を事業年度の途中で変更することはできるのかどうかということを考えると、別々の事業年度であっても継続性などの理由で難しい場合があるのに、同一事業年度内においてそれは無理だということは職業会計人であ

れば直感的に分かると思います。これは税法以前の会計の問題です。

　では、課税事業者である期間について税込経理を強制できるのかということを考えると、納付すべき消費税額があるのに、それを会社自身の収益と捉えて表示することを強制することになるので、これも無理だということになります。

　このように考えると、同一事業年度内で経理方法を変更することはできず、かつ、課税事業者に税込経理を強要することはできないということになるため、免税事業者である期間も含めて事業年度内の全ての期間について税抜経理が認められるという結論になります。

　このような事業年度においては、税込経理を行えば何の問題もない訳ですが、税抜経理を選択した場合、固定資産に係る消費税が簿外に置かれますから、実質的に10%の特別償却を受けたのと同様の損金効果があるということで、納税者有利に働くこととなります。

❸ 生命保険料関係

① 普遍的加入でない養老保険

　いわゆるハーフタックスプランは、役員や従業員の万が一への備えと退職金など一時金が必要になるときへの備えを養老保険を使って行う一種の福利厚生です。

　養老保険は保険期間が設定されており、その保険期間内に被保険者（役員や従業員）が死亡した場合には保険金が支払われ、保険期間内に死亡することなく満期を迎えると死亡保険金と同じ金額が支払われるタイプの保険で、いわゆる生死混合保険という性質から広く使われています。

　このような養老保険の性質から、次の要件を全て満たすものについて支払保険料の半額を損金の額に算入することができることとされています。

　　1．契約者及び満期保険金（生存保険金）受取人が会社、被保険者が役員又は従業員、死亡保険金受取人が被保険者の遺族であること

　　2．特定の役員又は従業員のみを被保険者として加入している訳ではないこと（普遍的加入）

　なお、2．の要件から外れると、その保険料は被保険者に対する給与として扱われることになっています（役員・従業員の全てが社長一族で占められている会社の場合には自動的に2．の要件から外れることになる）。

　さて、運送業を営むC社に税務調査が入りました。このC社は毎年決算のときに養老保険の加入チェックを行っていたのですが、毎年きちんと加入者のメンテナンスがなされていたので、あるときからチェックを行わなくなっていました。すると、そ

のチェックしなくなった期の翌期から管理がおろそかになっていたらしく、全員加入ではなくなっていたため、その旨指摘がありました。

私はこのようにしました

決算時に社長と一緒にチェックしていた頃は新入社員を含め、本当に全員加入となっていたのですが、チェックをやめてから3期ほどしたところでこの指摘がありました。

確かにこれでは普遍的加入の要件を満たさないので保険料は全て給与として源泉所得税が課されるところでした。

そこで、「確かに、ご指摘はごもっともですが、運送業界は人の出入りが激しく、せっかく養老保険に加入してもすぐにやめられるとお金の無駄になることに気づきました。そこで、3年前から**養老保険の加入対象を入社後3年経過した人だけとする**ことにしたのです。このことは、特定の役員や従業員のみを被保険者としている場合に該当しないと思います。**経済的合理性もありますよね！？**」と返答し、事なきを得ました。

この調査を終えた翌期の決算から再び加入者のチェックを再開したのはいうまでもありません。

4 給与か外注費か

　最後は法人税、源泉所得税、消費税にわたって影響があり、非常に迷ってしまうものを取り上げます。仕事をしてくれた人に対して支払ったものが給与なのか、外注費なのかということです。これは受け取った方の所得税の課税区分にも影響してくるため、さらに厄介な問題といえるでしょう。特に、建設業における日給月給のような形をとる支払形態には悩まされることが多いと思います。

　このような取引については、その実態に応じて総合的に判断ということになるのですが、消費税法基本通達１－１－１では次のようなことを判断のポイントとして例示しています。ここでのキーワードは**請負の対価**なのか**労務の対価**なのか、ということです。

　　１．その契約に係る役務の提供の内容が他人の代替を容れるかどうか
　　２．役務の提供に当たり事業者の指揮監督を受けるかどうか
　　３．まだ引渡しを了しない完成品が不可抗力のため滅失した場合等においても、当該個人が権利として既に提供した役務に係る報酬の請求をなすことができるかどうか
　　４．役務の提供に係る材料又は用具等を供与されているかどうか

　　１．については、例えば、「あなたは仕事の仕方があまりにも雑だから、明日から来なくていい。変わりの業者を呼ぶことにする。」などといえるかどうかということです。これが言えれば代替を容れるということになりますから外注費に該当し、逆に給与（従業員）だったら我慢して使わなければなりません（代替を容れない）。

　　２．については指揮監督を受ければ給与に該当し、そうでなければ、成果物さえ納期限までにできればやり方は自由ということで、

請負になりますから、外注費に該当するということです。

　３．については、請求をなすことができれば成果物が完成する、しないにかかわらず自身の働いた時間分の報酬がもらえるということになるため労務の対価として給与に該当し、請求をなすことができなければ請負の対価として外注費に該当するということです。

　４．については供与されていれば雇用者負担ということで給与、供与されていなければ外注費に該当するということです。

　この問題については、過去の判決等をみても、事業は**自己の計算と危険**において**独立して**営んでおり**営利性・有償性**をもって**反復継続して遂行する意思**と社会的地位が客観的に認められるもので、一方、給与は**使用者の指揮命令**により提供される**空間的、時間的拘束**の対価であり**継続性は問われない**などといった基準が読み取れますが、平たくいうと、どのように判断すればいいのでしょうか？

私はこのように外注費と給与を判定しています

　上記の判断ポイントをごく簡単にまとめると、このようにいえるのではないでしょうか？

　　　事業…法人で行うような仕事、やり方
　　　給与…自然人でなければできない仕事、やり方

　外注費として処理すべきものは、受け取り側では主に事業所得として取り扱われますが、そもそも事業所得とは、法人で行われるようなことを個人でやっているものになりますので、**法人としてもできるかどうかと考える**とイメージしやすいのではないでしょうか？

　法人は雇い主にあれこれ細かい指揮命令は受けません（そもそも、雇われていない）し、成果物を引き渡して初めてお金になりますし、リスクは当然に負っています。また、用具の提供などを受けたり、時間がきたらお金がもらえたりするようなこ

とは通常、法人ではあり得ません。

　このことは、相当程度に高等な技術を持っていることなどにより余人をもって代えがたい場合であっても、他人の指揮命令下にあり、月給的な感覚で（出勤日数によらず定額であったり、社会保険料が天引きされていたり、給与の源泉徴収税額が天引きされていたり、など）支払われていれば給与として取り扱うこととなります。

【著者紹介】

坂野上　満 （さかのうえ・みつる）

昭和45年１月　富山県高岡市に生まれる

平成４年３月　明治大学商学部商学科卒業

　　　　その後富山県内のプラスチック製造会社にて３年
半勤務し、生産管理や現場改善のノウハウを学ん
だ後、税理士事務所に勤務しながら平成10年に税理士試験合格

平成11年11月　税理士登録

平成14年４月　富山県高岡市に坂野上満税理士事務所を開業

平成14年11月　行政書士登録

平成20年２月　ファイナンシャルプランナー（CFP®）認定

平成25年９月　国立大学法人金沢大学法科大学院にて「租税法」非常勤講師
に就任

　メーカーの勤務経験を生かし、現場の分かる若手税理士として製造・
建設・運輸業を中心とした経営の合理化を進めている。

　また、平成16年より税務・会計及びコミュニケーションをテーマと
した講演を東京、千葉、山梨、札幌、名古屋、大阪、神戸などで行い、
具体的で飽きさせないセミナーを展開している。

　著書に『駆け出し税理士の事務所構築術～お客様から感謝される事
務所を作るときに読む本～』（大蔵財務協会、令和２年３月刊）がある。

法人税・消費税　迷いやすい事例の実務対応
～税法の趣旨・経緯からグレーゾーン取引を考える～

令和 2 年10月 8 日　初版印刷
令和 2 年10月27日　初版発行

不　許
複　製

著　者　　坂野上　　満

（一財）大蔵財務協会　理事長
発行人　　木 村 幸 俊

発行所　　一般財団法人　大 蔵 財 務 協 会

〔郵便番号　130-8585〕
東京都墨田区東駒形 1 丁目14番 1 号
（販　　売　　部）TEL03（3829）4141・FAX03（3829）4001
（出 版 編 集 部）TEL03（3829）4142・FAX03（3829）4005
http://www.zaikyo.or.jp